高等职业教育“十三五”规划教材
中国科学院优秀教材（一等奖）

企业会计综合实训教程

（第六版）

牛运盈　主编

科学出版社
北京

内 容 简 介

本书是会计综合实训课的教材，内容涉及基础会计、财务会计、成本会计的基本理论知识和财政部发布的企业会计准则体系中若干项具体准则，涵盖了基础会计实训、财务会计实训、成本会计实训的主要内容。

全书内容分为四大部分：第一部分是实训准备；第二部分是实训操作，是本书主体部分，内容包括建立账簿、日常会计核算、期末业务核算和编制财务报表；第三部分是实训辅导；第四部分是实训作业及实训成绩评定标准。

本书的主要特点是：内容系统全面，实训操作贴近实际，操作程序及操作方法具体明确，可操作性强，实用性好。

本书符合会计综合实训课的教学标准，可供高职高专和应用型本科相关专业选用。

图书在版编目(CIP)数据

企业会计综合实训教程/牛运盈主编. —6版. —北京：科学出版社，2017.8

（高等职业教育“十三五”规划教材·中国科学院优秀教材）

ISBN 978-7-03-045549-9

Ⅰ.①企… Ⅱ.①牛… Ⅲ. ①企业管理-会计-高等职业教育-教材 Ⅳ. ①F275

中国版本图书馆 CIP 数据核字（2015）第 200080 号

责任编辑：李 娜 朱大益 / 责任校对：陶丽荣

责任印制：吕春珉 / 封面设计：东方人华

科学出版社 出版

北京东黄城根北街 16 号

邮政编码：100717

http://www.sciencep.com

三河市良远印务有限公司印刷

科学出版社发行 各地新华书店经销

*

2006 年 8 月第一版 2017 年 8 月第 六 版

2008 年 9 月第二版 2019 年 7 月第九次印刷

2011 年 11 月第三版 开本：787×1092 1/16

2014 年 2 月第四版 印张：22

2015 年 8 月第五版 字数：492 000

定价：49.00 元

（如有印装质量问题，我社负责调换〈良远印务〉）

销售部电话 010-62136230 编辑部电话 010-62138978-2018（VF02）

本书编写组

主编单位　西北工业大学

参编单位　茂名职业技术学院

河北机电职业技术学院

北京信息职业技术学院

北京经贸职业学院

北京拓友新世纪科技发展有限公司

顾　　问　陈　琳

主　　编　牛运盈

副 主 编　梁　蕤　石玉梅　葛　红　苏　坤　韩　凯

主编助理　蔺　宁

参　　编　（依姓氏笔画为序）

王　晓　付利伟　许力惠　孙　丹

梁　亮　蒋洪平

第六版前言

本书第六版是在第五版的基础上，根据会计和税法的最新规定进行全面、系统的修改而成的，为本书的升级版，和第五版比较，变化较大，质量水平更高，实用性更好。

一、增加了第七、八、九、十章实训辅导内容

第七章“日常会计核算实训辅导”针对第四章日常会计核算中的重点或难点进行提示或辅导，对学生在实训操作中发生的主要错误，采用理论与实践结合方式进行解析。

第八章“期末业务核算实训辅导（一）——利息调整摊销和增值税核算”对采用实际利率法摊销金融资产和金融负债的“利息调整”的计算方法进行了详细讲解；按照财政部最新发布的《增值税会计处理规定》，对增值税的核算方法和程序进行了详细讲解。

第九章“期末业务核算实训辅导（二）——完工产品成本核算”详细讲解了采用平行结转分步法核算完工产品成本的计算方法、计算步骤和计算公式。完工产品成本核算的关键是要科学合理地计算确定月末在产品的约当产量，而计算约当产量的前提是必须确定月末在产品的完工率（即完工程度）。本章介绍了确定完工率的方法和计算公式，具有实用价值。

第十章“期末业务核算实训辅导（三）——所得税核算”根据所得税会计的基本理论，系统地讲解了所得税会计对象和所得税会计方法，并通过与本书第五章所得税核算实训内容类似的案例示范性地讲解如何核算所得税。所得税会计的关键或难点，不在于所得税会计方法的本身，而在于如何确定所得税会计的处理对象，即会计与税法之间的各种差异，包括永久性差异、时间性差异和暂时性差异。实践证明，“正确、完整”地确认会计与税法的差异是正确核算所得税的关键。本章详细讲解了各种差异的定义、特点及对所得税的影响，并重点讲解暂时性差异和时间性差异之间的内在联系，在理论上有创新性，具有实用价值。

会计综合实训的重点是日常会计核算和期末业务核算，安排实训辅导的目的是：使学生能正确完成实训操作；并且，提高其学业水平。

二、重点修改了第五章期末业务核算，其他各章内容也有所修改

1）简化了辅助生产费用的分配方法。本书以前各版本都是将辅助生产费用先分配给各受益单位，并将分配给各基本生产车间的辅助生产费用分别计入各基本生产车间的生产成本和制造费用；然后，再将分配计入各基本生产车间的生产成本的部分分配计入各种产品成本，分配方法和制造费用分配方法相同。本书第六版将分配给各基本生产车间的辅助生产费用全部记入“制造费用”科目，待制造费用分配时与归集于“制造费用”科目的间接

生产费用一并分配计入各种产品成本。这样处理简化了辅助生产费用的分配。

2）完善了完工产品成本核算方法。对月末在产品的施工完工率不再采用假定的方法，按照第九章相关计算公式计算确定施工完工率，科学合理，符合实际，接地气。

3）根据《增值税会计处理规定》修改了增值税的核算方法。

4）根据第十章所得税核算实训辅导，修改了所得税核算实训操作程序和方法，给出每个操作步骤的计算公式和相应的计算表，大大简化了实训操作，降低了所得税核算难度。

5）为简化实训操作，将存货期末计量方法由总体法改为分类法，只对库存产品计提存货跌价准备。

期末业务核算的特点是计算量大、程序性强，每个实训项目都有具体的操作步骤和计算公式，具有实际应用价值，学生通过实训能提高就业能力。

三、配套资料的修改也较大

本书第六版仍由教材主体和配套资料两部分构成，形成一套更加完备的会计综合实训教材体系。第六版配套资料包括以下两部分：

第一部分，内容包括教学准备、教学指导、教学参考和实训答案，仍然是单订成册，赠送给各校会计综合实训课老师。其中，教学指导的主要内容是怎样提高教学质量和典型案例分析；实训答案包括会计分录和全部计算表及财务报表的答案。

第二部分，是新增加的内容，包括电子课件（PPT）和会计分录答案电子版。

经全面修改而成的本书第六版比第五版可操作性更好，实用性更强，能更好地满足会计综合实训教学需要；和其他同类教材比较，内容更全、更新、更详细，特点更突出，优势更明显。编写本书所遵循的基本理念是：注重适用，追求卓越，着力编出质量更好、水平更高的国家级规划教材。

本书第六版由编写组全体成员共同完成。梁亮讲师负责第一、二章，韩凯讲师负责第三、四、六、七章及相关实训答案，孙丹讲师负责第五章及相关实训答案，苏坤副教授负责第八、九、十章，蔺宁副教授负责配套资料，并和付利伟会计师一起完成电子课件（PPT）的编写；梁蕤副教授、蒋洪平讲师、葛红副教授和石玉梅副教授、博士后分别审核梁亮、韩凯、孙丹、蔺宁等老师编写的部分；牛运盈注册会计师负责全书大纲拟订、总纂，修改定稿，质量把关。西北工业大学管理学院会计系主任陈琳教授担任本书编写组顾问，在本书修编过程中提出了很好的指导意见和建议，并审核苏坤老师编写的部分。许力惠会计师和王晓高级工程师从企业角度也提出了修改意见。主编在此向陈琳教授和编写组全体同仁致谢！

本书第六版可能还会有不完善之处，希望各校会计综合实训课老师发现问题及时与出版社或主编联系。

联系方式：科学出版社编辑部（010）62138978-2018；发行部（010）62136230

主　编

2017 年 8 月

第五版前言

本教材是在第四版基础上修订的，与第四版比较，有以下变化。

（一）删除财务软件操作内容（原第七、八章），原因是：各校会计专业都已经开设了会计电算化课程；各校会计综合实训课时较少，大都没有进行财务软件系统操作，有的可能只是应用会计电算化知识进行局部操作训练。

（二）将实训辅导内容（原第九、十章）调整到配套资料中去，目的是压缩教材主体内容，降低定价，减轻学生负担。

（三）在第四章日常会计核算中，为使学生进行规范化操作，增加了操作指导内容，如编制记账凭证操作指导。

（四）在第五章期末业务核算中，为进一步降低所得税核算操作难度，使学生能正确完成实训作业，通过实训能真正获得收获和提高，增加了所得税核算实训指导，主要讲解所得税会计处理的对象——永久性差异、时间性差异、暂时性差异——的概念和如何分析确定这三种会计与税法之间的差异。所得税会计的理论核心就是分析研究这些差异的产生及处理方法，只要能理解并掌握这个理论核心，就能正确核算所得税，并能提高学生的学业水平。

（五）重新调整修改了配套资料，修改后的配套资料内容更系统更完整，包括：教学准备、教学指导、实训辅导、实训答案。其中，实训答案内容非常详细，包括全部会计分录、全部计算表、财务报表和账户期末余额等，对学生完成的全部实训作业都给出了具体答案。该实训答案经过几次修改完善，符合会计和税法的相关规定，可作为判断学生实训作业是否正确的依据或标准。

（六）增加了“附录：《小企业会计准则》与《企业会计准则》的主要区别”，目的是帮助学生在通过会计综合实训了解和掌握《企业会计准则》相关规定的基础上，能同时了解和掌握《小企业会计准则》的有关规定，提高其就业适应能力。因为，学生所学的会计专业课及会计综合实训课的教材都是根据《企业会计准则》编写的，但是高职高专和应用型本科学生毕业后实际就业单位，大部分是小微企业，就业于大中型企业的很少，根据财政部规定，小微企业执行的是《小企业会计准则》，所以学生在就业前需要了解和掌握《小企业会计准则》的有关规定。本教材采用比较方法介绍这两种会计准则的主要区别，可以使学生通过会计综合实训获得更多的收获和提高。

本教材适用于高职高专和应用型本科。那种认为应用型本科不属于高等职业教育范围的观点是错误的。我国整个教育体系分为学历教育和职业教育两大体系，职业教育体系包括中等职业教育和高等职业教育，高等职业教育包括高职高专和应用型本科教育，以及专业学位研究生教育。党的十八大报告强调要“加快发展现代职业教育”，现代职业教育的基本要求，就是要更加重视应用，强化实践教育。从这个含义上看，应用型本科教育应当属于高等职业教育范围。

本教材自2006年首次出版发行以来，一直被列为高等职业教育“十一五”、“十二五”规划教材，还被列入经管类核心课教改项目成果系列规划教材，于2012年被中科院教材建设专家委员会评为优秀教材，荣获一等奖。科学出版社已确定将本教材和其他获奖教材作为重点向教育部申报，上升为国家级规划教材。

本教材第五版（包括配套资料）由编写组全体老师共同完成。牛运盈主编在张梅副主编、罗艳妮副主编协助下完成具体修改工作，其他老师提供修改意见或建议，他们根据自己的教学经验提出了很好的修改意见。本教材在修改过程中还听取了北京拓友财务软件服务公司等有关企业意见。在此，一并向他们表示感谢。

本教材还将继续本着与时俱进和开放的原则进行改进，不断提高质量和水平，更好地满足各校会计综合实训课的教学需求。**我们的目标是：注重实用，追求卓越，力求编写出质量更好、水平更高、国内一流的会计综合实训课程国家级规划教材。**因此，希望所有使用本教材的院校和指导老师都能根据教学需要提供进一步的改进意见或建议。

为实现这个目标，我们欢迎有更多使用本教材的院校和老师加入本教材的编写团队，发挥集体智慧，集思广益，相互交流，共谋编好教材，共谋提高会计综合实训课的教学质量和水平。愿意加入本教材编写团队的院校和老师，可与科学出版社或主编联系。

特别提示：**本教材配套资料单订成册，由科学出版社赠送给各有关院校会计综合实训课指导老师，各有关院校应当主动与科学出版社联系。配套资料是指导老师不可缺少的“助手”，主编可以负责地说，如果没有或不用这个“助手”，在教学中可能会发生不少错误，教学质量是保证不了的。**主编曾在某高校任教10年，专任会计综合实训课指导老师，实践证明，对一些经济业务的会计处理，很多学生不会做，其他指导老师也不全会做，在日常会计核算实训中对81项业务的会计处理有20多项是错误的，如第2项业务运输费用的处理，历届实训课学生没有一个会做。主编曾对会计实训类教材做过市场调研，分析研究过20种此类教材，有的教材主编是名校教授，在所提供的实训答案（会计分录）中也有30多处错误。因此，主编根据自己的教学经验并吸取其他教材的教训，严格按照会计和税法的相关规定，认真负责地编写出本教材配套资料（特别是实训答案），目的是保证和提高会计综合实训课教学质量。

尽管本教材已出版了五版，但可能还会有不完善之处，各校指导老师在教学中如发现问题，可通过出版社及时与编者联系。编者愿意和大家一起相互交流，共同研讨有关教学和学术问题。

联系方式：科学出版社：销售部（010）62136230

编辑部（010）62138978-2018

主　编

2015年6月20日

第四版前言

会计综合实训已被教育部正式确定为高等职业学校会计专业核心课程。2012 年 11 月 13 日，教育部颁布了《高等职业学校专业教学标准（试行）》，其中对会计综合实训课程的教学标准规定为：“本课程主要对资产、负债、所有者权益、收入、费用、利润等相关经济业务进行实际操作训练，讲授财务会计报告编制等内容。通过本课程中的手工操作和财务软件操作训练，学生能掌握会计业务流程全过程的知识与技能。”

根据上述会计综合实训课程教学标准，我们对本书第三版进行了修订，而形成了第四版。本书第四版特点更突出，实用性更好。

一、内容更加全面系统，形成了一套更完备的会计综合实训教材体系（见下图）

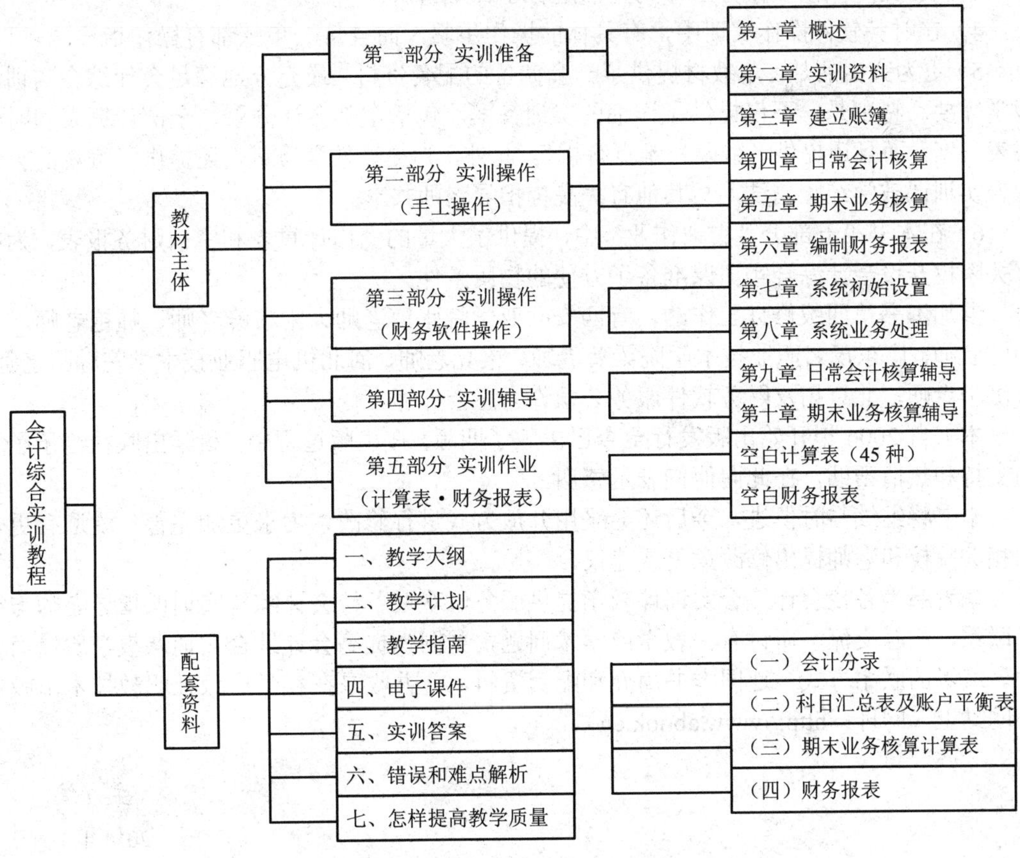

其中，电子课件，根据各有关院校指导教师的教学需求，以电子邮件提供；其他配套资料，收录在科学出版社职教技术出版中心网站上，供有关各院校指导老师和学生查阅（网址：http://www.abook.cn）。

二、实用性更好

本书第四版是在第三版基础上，以提高教学质量为中心，以进一步强化实用性为目标，通过进一步总结会计综合实训课教学经验修改而成的，因而实用性更好。具体体现在以下几点：

1）可操作性更好。书中所安排的每项实训内容都有详细的操作步骤和方法，并有具体要求。实践证明，学生只要能认真阅读教材，按照设定的程序和方法进行操作，一般都能完成实训作业。

2）为降低操作难度，在“实训辅导”基础上，又针对具体问题，增加“提示或注意”。

3）突出重点，精讲难点。期末业务核算实训中，学生要完成大量计算，其中所得税计算是重点，也是难点。采用资产负债表债务法核算所得税，是会计综合实训的一项重要内容，必须完成，应攻坚克难，不可避难就易。因为，高等院校会计专业教材都是根据《企业会计准则》编写的，该准则要求企业必须采用资产负债表债务法核算所得税（小微企业除外）。为了提高操作容易性，本书在第五章中，给出了具体的相关规定和实训资料，拟定出具体操作步骤和方法，并针对具体问题作了提示；而且，还在第十章“期末业务核算辅导”中，将资产负债表债务法作为重点进行了详细讲解。

4）在财务软件操作实训中，有具体的操作步骤，而且每一步骤都有操作指导。

5）更为突出的是，本教材提供了一套完备的配套资料，最充分地满足会计综合实训课教学需要。特别是，不仅提供了详细的实训答案，包括全部会计分录、全部计算表和财务报表答案，而且还提供“错误和难点解析”。此外，为提高教学质量，还提供了编者的会计综合实训课教学经验总结，与其他有关院校指导老师共享。

6）在本书第五部分“实训作业”中，提供了大量的空白计算表和空白财务报表，为各有关院校开设会计综合实训课准备了方便的物质条件。

参加本书第四版修订工作的，有西安欧亚学院张梅老师、宋粉鲜老师、师艳老师、罗艳妮老师，广东茂名职业技术学院梁蕤老师、梁亮老师，河北机电职业技术学院韩凯老师、蒋洪平老师，北京拓友财务软件服务公司许力惠会计师。

本书自2006年开始出版发行至今已出版了四版，在出版过程中，科学出版社给予了大力支持和热情帮助，在此向他们表示感谢。

本书将继续与时俱进，今后还会采用开放方式进行修改，力求更加完善，欢迎有更多的相关院校和老师提出修改意见或建议。

编者愿为各校会计综合实训课教学提供服务，欢迎各校会计综合实训课指导老师与编者联系，相互交流，研讨有关教学或学术问题，共同为提高会计综合实训课教学质量而努力。编者的联系方式，连同本书简介和配套资料，一并收录在科学出版社职教技术出版中心网站上（网址：http://www.abook.cn）。

主　编

2014年1月

第三版前言

胡锦涛同志2011年4月24日在庆祝清华大学建校100周年大会上的重要讲话中指出：高等学校要把提高质量作为教育改革发展最核心最紧迫的任务，要创新教育教学方法，强化实践教育环节，形成人才培养新优势，努力促名师、育英才、创一流。胡锦涛同志的重要讲话反映了我国高等教育的现实，指明了我国教育改革发展的方向。

在胡锦涛同志重要讲话精神的指引下，为强化实践教学，提高会计实训课的教学质量，我们又进一步修改了教材。

新教材是在第二版的基础上，进一步总结会计实训课教学实践经验，并根据近三年来我国在所得税、增值税等方面新的具体规定，反复修改而成的。修改后的新教材，特点更突出，优势更明显。

一、适用范围更广

新教材增加了“编制合并财务报表”实训内容，因此，新教材既可作为财会专业高职高专学生的实训教材，也可作为本科生的实训教材。

企业会计综合实训全部内容包括四大部分：一是建立账簿；二是日常会计核算；三是期末业务核算；四是编制财务报表（包括模拟企业个别财务报表和企业集团合并财务报表）。其中，第一、二、三部分和第四部分的模拟企业个别资产负债表、个别利润表为基本实训内容，无论是专科生还是本科生都是要做的，是共同实训内容；对于模拟企业个别现金流量表、个别所有者权益变动表和企业集团合并财务报表的编制，主要是为本科生实训考虑的。当然，模拟企业个别现金流量表和个别所有者权益变动表专科生也可以做。各院校的会计实训内容，可根据教学需要和实训时间，区别专科生和本科生进行确定。

二、实用性更好

新教材最突出的特点或优势是实用性更好，主要体现在以下两个方面：

第一，充分地考虑了会计实训教学需要，为各有关院校开展会计实训教学提供了非常方便的条件。

新教材内容系统、全面，非常详细，全书分上下两册，并附有必要的配套资料，形成了一套完整的企业会计综合实训教材体系（见下图）。

其中，实训答案包括：全部会计分录、调整分录、抵销分录和所有计算表的计算结果。

- 企业会计综合实训教材体系
  - 企业会计综合实训教程（第三版）
    - 上册
      - 第一部分　实训准备（第一、二章）
      - 第二部分　实训操作
        - 建立账簿（第三章）
        - 日常会计核算（第四章）
        - 期末业务核算（第五章）
        - 编制财务报表（第六章）
        - 编制合并财务报表（第七章）
    - 下册
      - 第三部分　实训辅导（第八～十章）
      - 第四部分　实训作业（全部计算表和财务报表）
  - 配套资料
    - （1）教学大纲
    - （2）教学计划
    - （3）教学指南
      - （（1）～（3）可在科学出版社职教技术出版中心网站 http://www.abook.cn 下载）
    - （4）实训答案　（直接提供给指导老师）

本教材为各有关院校开展会计实训教学提供了非常重要的方便条件，主要体现在以下两点：

1. 为各院校会计实训课指导老师提供了充分的备课条件。指导老师可以根据“教学大纲”、“教学计划”、“教学指南（教学参考）”、“实训辅导”、“实训答案”等资料进行备课，因而可以大大减少备课工作量和备课难度，既能提高工作效率，缩短备课时间，又能提高备课质量和水平。

2. 为开设会计实训课提供了必要的物质条件。开展会计综合实训教学，需要为每个实训学生提供一套账本、一套记账凭证和大量计算表及财务报表（空白），本教材已提供了全部计算表和财务报表（包括个别财务报表和合并财务报表，各种计算表数量有数十种之多），各院校只需为每个学生购买一套教材和一套账本及记账凭证就可以开课，无需再做其他准备。

第二，本教材充分体现了企业会计核算特点，实训内容及其操作程序和操作方法符合实际、贴近实际。每一部分实训内容都有详细的操作步骤和方法，可操作性很强；而且，对实训中的重点或难点问题，还有“实训辅导”，采用理论与实际结合方式进行详细讲解。因此，学生只要认真阅读教材，一般都能自主进行实训操作。

企业会计核算具有一套专门的方法体系，作为会计实训课的教材应具有可操作性，其可操作性好不好，是衡量其实用性或实用价值的一个重要标志。本教材具备了可操作性好的特点。

由于编者水平有限，本教材虽经反复修改，但难免还会有不完善之处，恳请广大读者和使用者指正。

编　者

2011 年 9 月

第二版前言

2006年是我国会计大变革之年，财政部发布了新企业会计准则体系。新企业会计准则体系与原会计准则和原企业会计制度比较，变化很大，它趋同于国际会计准则。根据财政部规定，新企业会计准则已从2007年1月1日起在上市公司执行，其他企业也将陆续执行。我国企业会计准则的变更直接影响了全国各类企业的会计核算工作，同时，也势必会引起全国各有关院校财会专业教学工作的变化，包括教材的更新和教师的知识更新。因此，为适应我国会计行业变革的形势，我们根据财会专业教学需要重新编写了《企业会计综合实训教程》。

本书是编者在总结会计实训教学经验和结合企业会计核算实际的基础上编写而成的。本书和第一版相比，内容更详细，特点更突出，适用性更好。本书具有以下几个特点。

一、内容系统全面，综合性强

本书选择一个中等规模、经营机电产品的工业生产企业作为会计主体，按照新企业会计准则规定和企业会计核算程序，对该企业某一会计期间的生产、经营、管理过程中发生的各项经济业务进行全面、系统的会计核算实训，内容丰富，覆盖面广。从空间上看，涉及生产、经营、管理的方方面面；从时间上看，涉及生产、经营、管理的全过程。这是由企业会计核算的特点所决定的，企业会计核算是综合性的，是一项系统工程。因此，企业会计核算实训也具有综合性的特点，故称为“企业会计综合实训”。本书内容涉及基础会计、财务会计、成本会计的基本理论知识，涉及新企业会计准则体系中若干项具体准则，涵盖了基础会计实训、财务会计实训、成本会计实训等单项会计实训的主要内容，涵盖了一般企业会计核算全过程。

二、实训操作贴近实际，实用性强

本书在编写过程中充分考虑了企业会计核算的实际，实训操作贴近实际，有些会计核算方法不是来自“本本”，在会计教材上是找不到的，而是来自于企业会计核算的实际。从某种意义上来讲，企业会计核算实训，实际上就是将企业会计核算的实际工作（以下简称会计实务）搬到学校由学生来做，它可以理解为是在课堂上进行的企业会计核算。但是，由于实训条件所限，企业会计核算实训不可能完全等同于会计实务，它具有仿真模拟性质。由于实训操作贴近实际，所以实用性强。

三、核算程序及方法具体明确，可操作性强

本书实训操作部分各章详细介绍了各个实训项目的具体操作步骤和每项操作步骤的具体操作方法，还提出了具体要求（如规定数字计算的精确度）。这些操作步骤和方法大都是编者通过实践和理论相结合的方法总结出来的，学生只要能认真阅读，掌握这些操作步骤和方法，一般都能自主进行实训操作，正确完成实训作业。

规定具体操作步骤和具体操作方法，不仅提高了本教材的可操作性，而且可使学生的实训操作规范化、标准化。参加实训的学生，如果都能按规定的操作步骤和方法进行操作，完成实训作业，一般都能获得与本书所附的参考答案相同的实训结果。

企业会计核算，要求必须注重“程序”，按部就班进行，本书充分体现了这个特点，在第三章建立账簿和第五章期末业务核算中，这个特点更为突出。本书所述的实训操作步骤和方法，对企业会计核算实务有参考价值，有助于一般工业生产企业实现会计核算程序化、规范化、标准化。

四、质量可靠，适用性好

本书在出版前，已于 2007 年下半年在西安欧亚学院“企业会计综合实训课”上试用过，通过了实训课的实践检验；在出版印制过程中，编者对电子稿、打印稿和出版社的校样均进行了详细审定。

本书的适用性不仅体现在“实用性”、“可操作性”和“质量可靠性”上，还体现在“实训辅导”部分。在实训辅导部分，对实训过程中所涉及的一些问题，尤其是重点或难点问题，从理论和实践的结合上进行了深入讲解。辅导讲解，突破了其他同类教材一般提示的做法，不是就事论事，而是扩展思路，对某一问题实际可能发生的多种情况进行了综合分析讲解，以达到举一反三的效果，使学生能够获得系统的完整的相关知识。在实训辅导中，对采用工作底稿法编制现金流量表的原理和具体操作步骤及方法也作了详细介绍，并举例进行操作示范。采用工作底稿法编制现金流量表关键在于正确编制调整分录，编制调整分录比较复杂，有难度，在很多会计书上都没有详细讲述，本书弥补了这个不足。这部分内容对会计实训和会计实务都具有实用价值。

本书附有实训参考答案，以便于指导老师和学生检查和核对实训作业。

另外，编者还编写了《企业会计综合实训教程计算表及财务报表》，作为本书的配套资料，与本书同时出版发行，提供给实训学生使用。

本书可作为高职高专院校经济管理类专业的会计实训课教材，也可作为会计从业人员的培训教材。

尽管编者在编写过程中尽了力，但由于水平有限，书中难免还会有不完善或不妥之处，恳望读者和使用者指正。

编　者

2008 年 4 月

第一版前言

会计是一门应用性很强的经济管理学科。会计人员不仅要掌握系统的会计理论知识，更要具备熟练的基本操作技能。因此，实训课在会计专业的教学中居于十分重要的地位，越来越被各院校，特别是高职高专院校所重视。本书就是为会计专业的实训教学需要而编写的教材。

会计实训包括单项实训和综合实训。会计综合实训不是若干单项实训的简单综合，它是按照会计核算流程，对模拟企业的某一会计期间生产、经营、管理全过程所进行的全面、系统的会计核算模拟实训。企业会计核算是一项系统工程，学校在完善会计专业理论课程的基础上，开设会计综合实训课，学生通过模拟实践，既可以加深对会计基本知识的理解，又可以系统地了解和掌握会计核算的体系和全过程。

本书包括两部分的内容，分六章阐述。第一部分是实训准备，即第一、二章，内容包括会计综合实训的目的、要求及组织形式，模拟企业的情况及实训资料。第二部分是实训操作，即第三～六章，是本书的核心内容。全部实训操作分四个单元进行，即建立账簿、日常会计核算、期末业务核算、编制会计报表和纳税申报表。

本书是作者在总结会计综合实训教学经验以及结合具体会计工作实际的基础上，参考有关资料编写而成的，具有以下几个特点。

第一，系统性、程序性和操作性强，这是本书的主要特点。本书不仅从总体上体现了系统性，而且在实训操作部分，每章都详细地介绍了各项实训内容的具体操作步骤和具体操作方法，以使学生实训操作规范化和标准化。本书还附有参考答案，以便教师和学生检查和核对实训作业。

第二，内容覆盖面广。本书的内容不仅涉及企业会计核算全过程的各个环节，而且，在日常会计核算中涉及范围较广的经济往来业务，期末业务核算的内容也很丰富，特别是资产的期末计价和企业所得税纳税调整部分，更为详细。

第三，注重税法的应用。会计核算既要执行会计制度和会计准则，又要执行税法，这就要求会计人员既要掌握会计法规，又要掌握各种税法，依法进行会计核算，并要定期编制各种纳税申报表等税务资料。本书将增值税法和企业所得税法等税法的应用作为重要的实训内容，要求学生严格按照税法的规定进行实训操作，以培养学生的税务处理能力。

编　者

2006 年 8 月

目　录

第一部分　企业会计综合实训准备

第二部分　企业会计综合实训操作

第四部分 实训作业及实训成绩评定标准

第一部分

企业会计综合实训准备

第一章 概 述

一、会计综合实训概念

根据教育部 2012 年颁布的高等职业院校教学标准规定，会计综合实训是会计专业的核心课程，该课程的教学标准是："本课程主要对资产、负债、所有者权益、收入、费用、利润等相关经济业务进行实际操作训练，讲授财务会计报告等内容。通过本课程中的手工操作和财务软件操作训练，学生能够掌握会计业务流程全过程的知识和技能。"

由该教学标准可知，会计综合实训的内涵体现在两个方面：一是实训内容的全面性，包括六大会计要素核算和财务报告编制等；二是实训过程涵盖会计业务流程全过程，即全过程性。所以，会计综合实训和一般企业会计核算实务一样，具有综合性的特点。

企业会计核算，是指以企业为会计主体，对企业某一会计期间发生的各项经济业务进行全面、系统的经济核算。企业会计核算，从内容或空间上看，涉及企业生产、经营、管理的方方面面；从过程或时间上看，贯穿于企业生产、经营、管理的全过程。所以，企业会计核算具有综合性的特点，用系统论的观点来说，它是一项系统工程。

当然，以企业会计核算为特征的会计综合实训也具有综合性的特点，也是一项系统工程，不过是一项模拟系统工程。会计综合实训就是一般企业会计核算的模拟实训，是将一般企业会计核算业务完整地移到学校，让学生来完成的实际操作训练。会计专业开设会计综合实训这门核心课程，是实践教育的一种重要形式，它能贴合实际，即所谓"接地气"，符合职业教育的基本要求。

二、会计综合实训的目的和目标

会计综合实训课是在学生学完会计理论课程和税法课程之后开设的一门重要核心课程，对学生所学的专业知识具有总结、巩固、提高的作用。通过会计综合实训，将理论与实践相结合，应达到以下三个目的：

一是培养和锻炼学生掌握会计核算的基本操作方法和技能。

二是培养和锻炼学生按照会计和税法的有关规定正确处理一般企业实际发生的经济业务的能力。

三是使学生了解一般企业会计核算体系和全过程，掌握会计核算的基本程序和各项业务流程。

会计综合实训的目标是：拓展或深化学生所学知识，提高学生的学业水平和就业能力。

三、会计综合实训内容

按照企业会计核算业务流程，会计综合实训内容分为建立账簿、日常会计核算、期末业务核算、财务报表编制四个部分，重点是日常会计核算和期末业务核算。

日常会计核算，是指对企业日常生产经营管理过程中发生的各项经济业务进行的会计处理，包括编制记账凭证、登记账簿等。

期末业务核算，是指在日常会计核算的基础上，对期末各项业务所进行的核算，包括职工薪酬的计提与分配、材料成本核算、资产的折旧或摊销、生产费用分配、完工产品成本和销售产品成本的核算、流转税计算、财产清查、资产期末计量、利润总额核算、所得税核算、利润分配等。

四、会计综合实训要求

（1）要求学生在指导教师的指导下，能运用所学的会计理论知识和有关会计准则及税法规定，依据第二章所提供的模拟实训资料全面完成各项实训操作。

（2）要求在实训过程中，每个学生都能进入岗位角色，模拟履行会计人员的职责，认真做账。

（3）要求学生按照实训要求按时完成各项实训作业，实训结束后，每个学生要交付一套实训作业（详见第四部分实训作业及实训成绩评定标准）。

（4）要求指导老师对重点或难点内容（如所得税核算等）加强实训辅导，提高教育质量，使学生通过实训能真正得到收获和提高。

五、会计综合实训组织

本实训可根据具体情况，成立几个实训小组，7～8 人为一组，推选一名学生担任小组长。小组长可以模拟履行会计主管的职责，并组织开展互帮互学活动。

六、会计综合实训前准备

在实训开始前，除给每个学生发一套本教材外，还要按以下清单发一套账簿、记账凭证等用品。

（1）总分类账 1 本（订本式，小型装）。

（2）现金日记账（每人 4 张）。

（3）银行存款日记账（每人 6 张）。

（4）三栏式明细账（活页式，每人 55 张）。

（5）数量金额式明细账（活页式，每人 30 张）。

（6）多栏式明细账（活页式，每人 30 张）。

（7）增值税明细账（活页式，每人 4 张）。

（8）记账凭证 6 本，其中：收款凭证 1 本，付款凭证 2 本，转账凭证 3 本。

（9）其他：记账凭证封面 2 个，各种明细账账皮，装订明细账用的封面、封底（硬皮）和螺钉或鞋带等（将四种明细账按上述顺序装订成册）。

另外，学生个人要准备会计专用笔，黑、红各 1 支和画线直尺等。

转账凭证有两种形式：一种是按科目分设“借方”“贷方”栏，“金额”栏不分借、贷；二是科目不设“借方”“贷方”栏，“金额”栏按“借方”和“贷方”分设。这两种形式的转账凭证均可采用。

七、会计综合实训时间和实训成绩评定标准

（一）实训方式和实训时间（参考）

（1）分散实训方式：总课时为 70 课时左右。

第一单元，建立账簿，日常会计核算：36 课时。

第二单元，期末业务核算，编制财务报表：34 课时。

（2）集中实训方式：30 天左右。

说明：由于实训作业量较大，无论采用哪种实训方式，在实训课结束后，都要酌情安排一定时间让学生完成并交付实训作业。

（二）实训成绩评定标准

见第四部分实训作业及实训成绩评定标准。

八、会计综合实训的教学支持

为保证和提高会计综合实训课教学质量，本教材附有详细的配套资料，作为必要的教学支持。内容包括两部分，见第六版前言。

注意：配套资料单订成册，由科学出版社赠送给各校指导老师使用，并提供电子课件（PPT）和会计分录答案电子版，各校指导老师应当主动与科学出版社联系，联系方式见本书第六版前言。

第二章　模拟企业简介及实训资料

一、模拟企业简介

（一）基本情况

企业名称：金华机床有限责任公司

企业类型：顺达集团下属子公司

法人代表：马大海

注册资本：900 万元人民币，其中：顺达集团 495 万元；银鸽公司 305 万元；恒宇公司 100 万元

经营地址：滨江市兴安区锦江路 85 号

经营范围：机床产品生产与销售

主要产品：CA6140/1000 普通车床，X4222 刻模铣床

开户银行及账号：中国工商银行兴安办事处，83852674

生产机构设置：生产系统设有三个基本生产车间，即铸造车间、机加车间、装配车间；两个辅助车间，即机修车间和配电车间。各车间均实行内部独立核算

该公司为增值税一般纳税人，纳税人识别号：453122890635288

该公司按现行税法规定执行各种税率，即：增值税率 17%；所得税率 25%；城建税率 7%，教育费附加 3%

（二）会计核算形式及会计政策、会计处理方法

该公司会计核算形式采用科目汇总表形式，如图 2.1 所示。

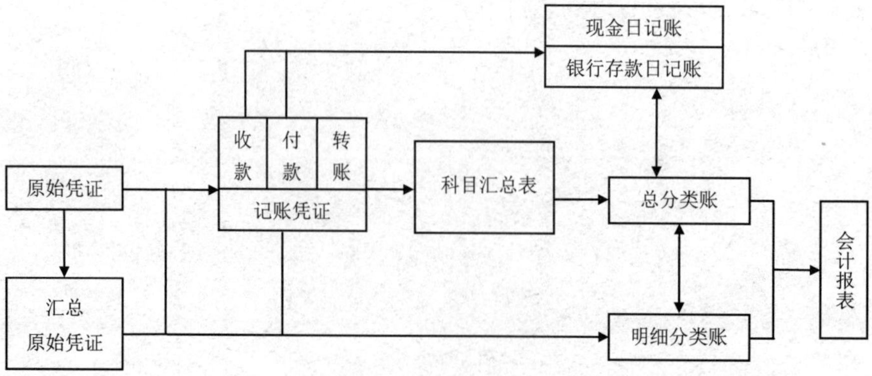

图 2.1　会计核算形式

该公司选用以下具体会计政策和会计处理方法：

1. 资产折旧或摊销

固定资产采用直线折旧法，每月按固定资产类别，分别计提折旧，折旧年限不少于税法规定的最低折旧年限。无形资产采用直线摊销法，摊销期限 10 年。

2. 低值易耗品摊销

采用一次摊销法。

3. 所得税会计

执行《企业会计准则第 18 号——所得税》。

4. 产品质量保修

每月按销售额的 1%～2%预提产品质量保修费，确认预计负债。

5. 固定资产修理

不再采用预提或待摊的办法，修理费用发生时直接计入当期损益。

6. 坏账损失

采用备抵法，每年年末按应收账款余额的 5%计提坏账准备。

7. 辅助生产费用分配

按各辅助生产车间提供各单位或部门的用电量或劳务量进行分配。

8. 制造费用分配

按各基本生产车间生产的各种产品的定额工时进行分配。

（三）生产工艺流程

产品生产工艺流程如图 2.2 所示。

产品生产过程分为三大步骤，即铸造、机加、装配，按铸造—机加—装配顺序完成加工。

产品主体（床身、主臂、齿轮、主轴等）由上一个基本生产车间提供，各基本生产车间所需的生铁、圆钢、外构件等原材料和燃料、辅助材料、包装物等，由各车间从公司材料库领取。

该公司未设半成品库，上一车间完工后，其半成品直接转入下一车间。

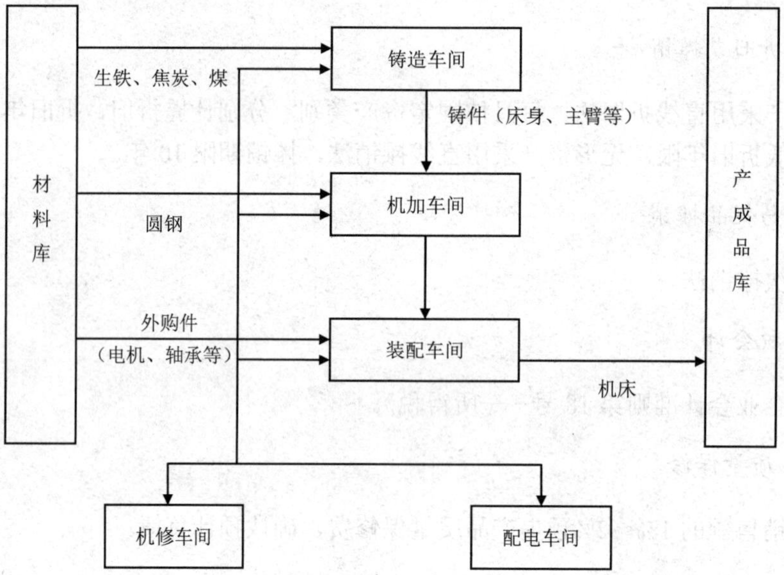

图 2.2　产品生产工艺流程

（四）材料成本核算方法及核算程序

（1）各种材料由公司集中采购、保管，实行账卡分设的管理模式。

（2）材料实行分类管理，分为原材料、低值易耗品和包装物三大类。原材料分为原料及主要材料、辅助材料、燃料、外购半成品；低值易耗品分为劳动保护品、附件、专用工具及其他用品；包装物主要是指包装箱。

（3）采购的材料要经验收入库，库存材料成本按计划价格核算。

（4）材料采购明细账由物资部门负责，库存材料的收发存明细账和总账由财务部门负责。

（5）采购的材料，到货验收、入库保管由物资部门仓库保管人员负责。验收入库必须办理手续，填制收料单。收料单一式四联，第一联存根联，由仓库留存；第二联记账联和第三联付款联，交财务（第二联作为材料收发存核算的原始凭证，第三联付款联作为材料入库编制记账凭证的原始凭证）；第四联备查联，由采购人员留存。

（6）仓库发出材料必须办理发料手续，填制领料单。领料单一式三联，第一联存根联，由仓库留存；第二联记账联，交财务；第三联备查联，由领料单位留存。

（7）财务部门收到“收料单”和“领料单”后，按计划价格登记材料明细账并登记材料成本差异明细账；月末编制“收料汇总表”和“发料汇总表”，登记材料总账和材料成本差异总账。

（8）财务部门月末计算出本月各类材料成本差异率和本月发出材料应负担的材料成本差异额，并将材料成本差异额分别结转“生产成本”“制造费用”“管理费用”等科目，从而将发出材料的计划成本还原为实际成本。

材料采购、验收和领用核算程序如图 2.3 所示。

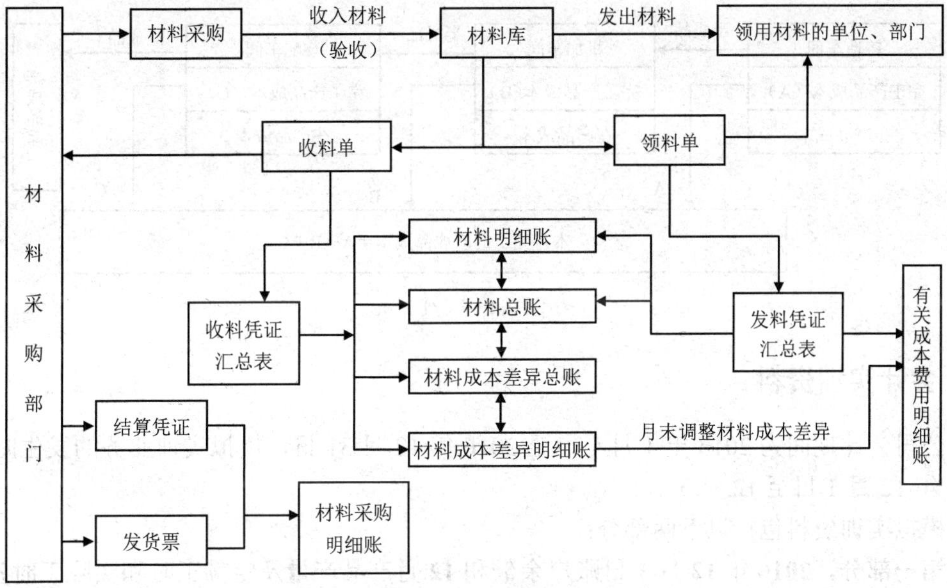

图 2.3　材料采购、验收和领用核算程序

（五）生产费用归集、分配和产品成本核算程序

（1）各基本生产车间按产品设基本生产成本明细账，归集各产品的直接生产费用，并按费用项目设制造费用明细账，用以归集各项间接生产费用。

（2）各辅助生产车间按费用项目设辅助生产成本明细账，用以归集各项辅助生产费用。

（3）月末要将各辅助生产车间的辅助生产费用按各受益单位的用电量（度）和劳务量（工时），分配结转到各基本生产车间的制造费用中去；然后，再将各基本生产车间的制造费用，按产品的定额工时分配结转到各种产品生产成本中去。

（4）完工产品成本核算采用平行结转分步法。月末，按约当产量法计算出各车间的半成品成本应计入公司最终完工产品成本的“份额”；最后，汇总计算出各完工产品的总成本和单位产品成本。

生产费用归集、分配和完工产品成本核算程序如图 2.4 所示。

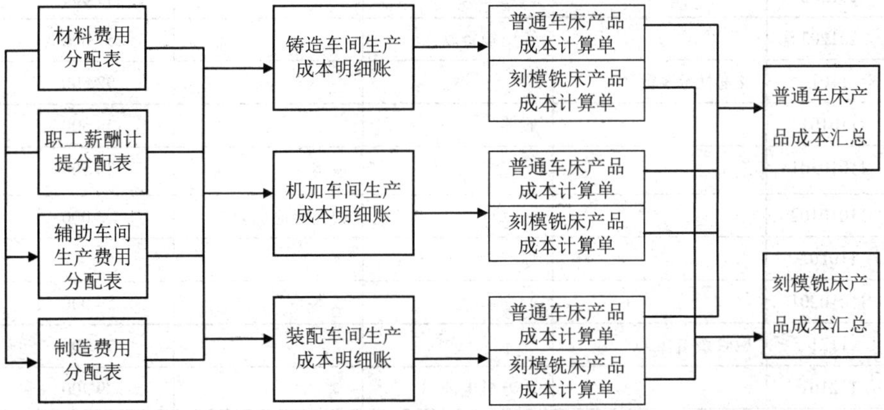

图 2.4　生产费用归集、分配和完工产品成本核算流程图

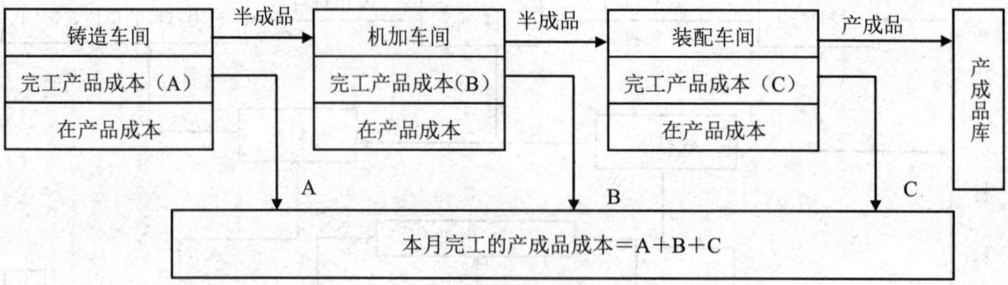

图 2.4　（续）

二、会计实训资料

公司会计期间为 2016 年 1 月 1 日至 2016 年 12 月 31 日，模拟实训业务的发生时间为 2016 年 12 月 1 日至 12 月 31 日。

模拟实训资料包括以下两部分：

第一部分，2016 年 12 月 1 日账户余额和 12 月产品产量及定额工时和实际工时资料。

（一）期初账户余额

期初账户余额及损益类账户累计额，如表 2.1 和表 2.2 所示。

表 2.1　期初账户余额

单位：元

序号	编号	总分类账户	一级明细账户	二级明细账户	借方余额	贷方余额
		一、资产类				
1	1001	库存现金			5 000	
2	1002	银行存款			1 477 826	
3	1012	其他货币资金			324 000	
	101201		外埠存款		23 000	
	101202		银行汇票		44 000	
	101203		存出投资款		257 000	
4	1101	交易性金融资产			92 500	
	110101		股票		38 500	
	11010101			成本	30 500	
	11010102			公允价值变动	8 000	
	110102		债券		54 000	
	11010201			成本	54 000	
5	1121	应收票据			79 200	
	112101		北方机电公司		79 200	
6	1122	应收账款			800 000	

续表

序号	编号	总分类账户	一级明细账户	二级明细账户	借方余额	贷方余额
	112201		南方机电公司		520 000	
	112202		滨江机床经销公司		160 000	
	112203		大连重机厂		120 000	
7	1123	预付账款			280 500	
	112301		鞍钢一车间		150 000	
	112302		前江轴承厂		130 500	
8	1131	应收股利			40 000	
9	1132	应收利息			50 000	
10	1221	其他应收款			12 900	
	122101		行政科备用金		1 400	
	122102		赵宏借款		1 700	
	122103		李立峰借款		9 800	
11	1231	坏账准备				40 645
12	1401	材料采购			110 000	
	140103		外购半成品		110 000	
	14010301			轴承 D462	110 000	
13	1403	原材料			1 932 982	
	140301		原料及主要材料		470 000	
	14030101			生铁	230 000	
	14030102			圆钢	240 000	
	140302		燃料		17 700	
	14030201			焦炭	14 100	
	14030202			煤	3 600	
	140303		外购半成品		1 432 800	
	14030301			电机 Y123M	259 200	
	14030302			电机 AOB-25	130 000	
	14030303			轴承 D318	630 000	
	14030304			轴承 D462	372 600	
	14030305			标准件	41 000	
	140304		辅助材料		12 482	
	14030401			油漆	11 000	
	14030402			润滑油	1 482	
14	1404	材料成本差异			67 494	
	140401		原料及主要材料		18 000	

续表

序号	编号	总分类账户	一级明细账户	二级明细账户	借方余额	贷方余额
	140402		燃料		1 348	
	140403		外购半成品		42 984	
	140404		辅助材料			118
	140405		低值易耗品		3 588	
	140406		包装物		1 692	
15	1405	库存商品			1 416 000	
	140501		普通车床		960 000	
	140502		刻模铣床		456 000	
16	1411	周转材料			185 593	
	141101		低值易耗品		184 393	
	14110101			工作服	718	
	14110102			劳保鞋	1 500	
	14110103			耐热手套	135	
	14110104			勾扳手	240	
	14110105			法兰盘	1 350	
	14110106			螺钉	450	
	14110107			专用工具	180 000	
	141102		包装物		1 200	
	14110201			包装箱	1 200	
17	1471	存货跌价准备				38 000
	147101		库存产品			38 000
18	1501	持有至到期投资			230 000	
	150101		投资成本		240 000	
	150102		利息调整			10 000
19	1511	长期股权投资			325 200	
20	1601	固定资产			12 500 000	
	160101		生产用固定资产		10 070 000	
	16010101			铸造车间	2 120 000	
	16010102			机加车间	4 250 000	
	16010103			装配车间	3 100 000	
	16010104			机修车间	250 000	
	16010105			配电车间	350 000	
	160102		非生产用固定资产		1 800 000	
	16010201			房屋及建筑物	1 400 000	
	16010202			办公设备	400 000	
	160103		不需用固定资产		155 500	
	16010301			磨齿机	39 000	
	16010302			产成品库	116 500	

续表

序号	编号	总分类账户	一级明细账户	二级明细账户	借方余额	贷方余额
	160104		未使用固定资产		474 500	
21	1602	累计折旧				3 200 000
22	1603	固定资产减值准备				68 000
	160301		磨齿机			5 000
	160302		未使用固定资产			63 000
23	1604	在建工程			67 000	
	160402		锅炉改造		67 000	
24	1606	固定资产清理			12 500	
25	1701	无形资产			68 400	
	170101		专有技术		20 000	
	170102		专利权		30 000	
	170103		土地使用权		18 400	
26	1702	累计摊销				19 200
	170201		专有技术			5 000
	170202		专利权			10 000
	170203		土地使用权			4 200
27	1811	递延所得税资产			48 661.25	
	181101		应收账款		10 161.25	
	181102		存货		9 500	
	181103		固定资产		17 000	
	181106		预计负债		12 000	
		二、负债类				
28	2001	短期借款				1 260 000
	200101		本金			1 260 000
29	2201	应付票据				40 000
30	2202	应付账款				963 700
	220201		开原轴承厂			128 700
	220203		宏达轴承厂			549 000
	220204		上海钢厂			286 000
31	2203	预收账款				159 000
	220301		沈阳机电公司			159 000
32	2211	应付职工薪酬				215 000
	221102		职工福利费			138 100
	221103		社会保险			76 900
	22110301			医疗保险费		25 000

续表

序号	编号	总分类账户	一级明细账户	二级明细账户	借方余额	贷方余额
	22110302			养老保险费		51 900
33	2221	应交税费				6 768.40
	222101		待认证进项税额		18 700	
	222102		未交增值税			174 700.00
	222109		应交所得税		149 231.6	
34	2231	应付利息				48 000.00
	223102		长期借款利息			48 000.00
35	2232	应付股利				104 200.00
	223201		顺达集团			57 310.00
	223202		银鸽公司			35 312.22
	223203		恒宇公司			11 577.78
36	2241	其他应付款				78 000.00
	224105		存入保证金			75 000.00
	224106		张涛工资			3 000.00
37	2501	长期借款				1 464 800.00
38	2502	应付债券				441 000.00
	250201		债券面值			400 000.00
	250203		应计利息			41 000.00
39	2701	长期应付款				204 500.00
	270101		融资租赁费			204 500.00
40	2801	预计负债				48 000.00
	280102		产品保修费			48 000.00
41	2901	递延所得税负债				2 000.00
	290101		交易性金融资产			2 000.00
		三、所有者权益类				
42	4001	实收资本				9 000 00000
	400101		顺达集团			4 950 00000
	400102		银鸽公司			3 050 00000
	400103		恒宇公司			1 000 00000
43	4002	资本公积				658 30000
	400201		资本溢价			658 30000
44	4101	盈余公积				863 662.87
	410101		法定盈余公积			575 775.25
	410102		任意盈余公积			287 887.62

续表

序号	编号	总分类账户	一级明细账户	二级明细账户	借方余额	贷方余额
45	4103	本年利润				1380 619.98
46	4104	利润分配				147 120.00
	410401		未分配利润			147 120.00
		四、成本类				
47	5001	生产成本			324 760.00	
	500101		基本生产成本		324 760.00	
	50010101			铸造车间	103 960.00	
	50010102			机加车间	95 800.00	
	50010103			装配车间	125 000.00	
		合计			20 450 516.25	20 450 516.25

表 2.2 损益类账户 1～11 月份累计额

单位：元

序号	编号	账户名称	借方	贷方	借或贷	余额
48	6001	主营业务收入	13 147 671.64	13 147 671.64		e
49	6051	其他业务收入	300 000	300 000		e
50	6101	公允价值变动损益	8 000	8 000		e
51	6111	投资收益	647 345	647 345		e
52	6301	营业外收入	165 000	165 000		e
53	6401	主营业务成本	5 835 700	5 835 700		e
54	6402	其他业务成本	31 500	31 500		e
55	6403	税金及附加	163 820	163 820		e
56	6601	销售费用	280 000	280 000		e
57	6602	管理费用	5 341 900	5 341 900		e
58	6603	财务费用	211 600	211 600		e
59	6701	资产减值损失	146 645	146 645		e
60	6711	营业外支出	416 025	416 025		e
61	6801	所得税费用	460 206.66	460 206.66		e

（二）各明细分类账户余额

各明细分类账户期初余额如表 2.3～表 2.7 所示。

表 2.3 “生产成本”明细账户期初余额

单位：元

车间	成本项目 / 产品名称	直接材料	直接人工	制造费用	合计
铸造车间	普通车床	54 600	16 000	7 400	78 000
	刻模铣床	12 900	9 500	3 560	25 960
	合　计	67 500	25 500	10 960	103 960

续表

车间	成本项目 / 产品名称	直接材料	直接人工	制造费用	合计
机加车间	普通车床	43 680	11 000	7 720	62 400
	刻模铣床	20 040	8 500	4 860	33 400
	合　计	63 720	19 500	12 580	95 800
装配车间	普通车床	59 255	10 500	14 895	84 650
	刻模铣床	24 210	7 640	8 500	40 350
	合　计	83 465	18 140	23 395	125 000

表 2.4　“库存商品”明细账户期初余额

单位：元

产品名称	结存数量（台）	单位实际成本	期初金额
$\frac{CA6140}{1000}$ 普通车床	40	24 000	960 000
X4222 刻模铣床	30	15 200	456 000

注：普通车床，销售单价 42 300 元/台；刻模铣床，销售单价 28 000 元/台。

表 2.5　“原材料”明细账户期初余额

明细账户及材料名称	计量单位	结存数量	计划单价	结存金额（元）
原料及主要材料				470 000
生铁	吨	100	2 300	230 000
圆钢	吨	80	3 000	240 000
燃料				17 700
焦炭	吨	30	470	14 100
煤	吨	20	180	3 600
外购半成品				1 432 800
电机 Y123M	台	180	1 440	259 200
电机 AOB-25	台	500	260	130 000
轴承 D318	套	1 800	350	630 000
轴承 D462	套	2 700	138	372 600
标准件	个	2 000	20.5	41 000
辅助材料				12 482
油漆	千克	1 100	10	11 000
润滑油	千克	380	3.9	1 482

表 2.6　“周转材料”明细账户期初余额

明细账户及材料名称	计量单位	结存数量	计划单价	结存金额（元）
低值易耗品				184 393
工作服	套	20	35.90	718
劳保鞋	双	50	30.00	1 500

续表

明细账户及材料名称	计量单位	结存数量	计划单价	结存金额（元）
耐热手套	副	30	4.50	135
勾扳手	个	50	4.80	240
法兰盘	个	100	13.50	1 350
螺钉	盒	30	15.00	450
专用工具	把	4 000	45.00	180 000
包装物（包装箱）	个	3	400.00	1 200

表 2.7　“固定资产”明细账户期初余额

明细科目	固定资产名称	资产原值	使用部门	备　注
生产经营用固定资产		10 070 000		
	房屋及建筑物	900 000	铸造车间	
	机器设备	520 000		
	其中：锅炉	85 000		
	其他	700 000		
	房屋及建筑物	1 000 000	机加车间	
	机器设备	2 400 000		
	其中：钻床（大型）	87 000		
	六角车床	95 000		
	其他	850 000		
	房屋及建筑物	1 950 000	装配车间	
	机器设备	750 000		
	其他	400 000		
	房屋及建筑物	130 000	机修车间	
	机器设备	120 000		
	房屋及建筑物	150 000	配电车间	
	机器设备	200 000		
非生产用固定资产	房屋及建筑物	1 400 000	厂部	
	办公设备	400 000		
不需用固定资产	磨齿机	39 000		
	产成品仓库	116 500		
未使用固定资产		474 500		

（三）2016 年 12 月份产品产量记录及工时资料

2016 年 12 月份产品产量记录及工时资料如表 2.8～表 2.10 所示。

表 2.8　产品产量记录

2016 年 12 月

产品	项目	铸造车间	机加车间	装配车间	合计
普通车床	月初在产品	10	15	12	37
	本月投产	30	30	40	30
	本月完工	30	40	50	50（产成品）
	月末在产品	10	5	2	17
刻模铣床	月初在产品	10	15	10	35
	本月投产	15	20	15	15
	本月完工	20	15	20	20（产成品）
	月末在产品	5	20	5	30

表 2.9　单位产品定额工时资料

产品	铸造车间	机加车间	装配车间	合计
普通车床	350	580	450	1 380
刻模铣床	150	120	300	570
合　计	500	700	750	1 950

表 2.10　产品实际工时资料

2016 年 12 月

产品	铸造车间	机加车间	装配车间	合计
普通车床	3 517	5 829	4 523	13 869
刻模铣床	1 507	1 206	3 015	5 728
合计	5 024	7 035	7 538	19 597

第二部分，2016 年 12 月份金华机床有限责任公司发生的各项经济业务原始凭证。

各项经济业务序号标注在每张原始凭证的左上角，本部分图表的顺序按经济业务的发生顺序或会计处理顺序编排。

1

滨江市商业零售统一发票

发票联　　　　No.000621

客户名称：金华机床有限责任公司　　　　2016年12月1日

货号及规格	单位	数量	单价	金额					备注
				百	十	元	角	分	
信封	本	40	5.00	2	0	0	0	0	超十万无效
包装袋	个	20	1.50		3	0	0	0	
圆珠笔	支	20	3.50		7	0	0	0	
合计金额（大写）	⊗万⊗仟叁百零拾零元零角零分整								
付款方式	开户银行及账号								

②报销凭证

收款企业（盖章有效）　　收款人：王娜　　开票人：李晓红

（印章：滨江市绿江百货商店　发票专用章）

2.1

滨江市增值税专用发票

No.083297

此联不作报销、扣税凭证使用

开票日期：2016年12月1日

购货单位	名　　称：长春机电公司 纳税人登记号：456218001265210 地址、电话：自由大路100号 开户银行及账号：自由大路办事处325631				密码区	（略）
商品或劳务名称	计量单位	数量	单价	金额	税率（%）	税额
普通车床	台	10	42 300.00	423 000	17	71 910
合计				¥423 000		¥71 910
价税合计（大写）	⊗佰肆拾玖万肆仟玖佰壹拾零元零角零分			¥：494 910		
销货单位	名　　称：金华机床有限责任公司 纳税人登记号：453122890635288 地址、电话：兴安市滨江区锦江路85号 开户银行及账号：工商银行兴安办事处83852674					

第四联　记账联　售货方记账凭证

收款人：陈晓艺　　开票单位：（未盖章无效）

（印章：金华机床有限责任公司　发票专用章）

2.2

邮 中国工商银行托收承付凭证（回　单）1　　　第　号

托收号码：

委托日期：2016年12月1日

付款人	全　称	长春机电公司	收款人	全　称	金华机床有限责任公司		
	账号或地址	8675397		账　号	83852674		
	开户银行	中国工商银行自由大道办事处		开户银行	中国工商银行兴安办事处	行号	83852674

托收金额	人民币（大写）：肆拾玖万捌仟壹佰壹拾元整	百	十	万	千	百	十	元	角	分
		¥	4	9	8	1	1	0	0	0

附　件		商品发运情况	合同名称号码
附寄单证张数或册数	5	铁路	
备注：托收金额中包括运费 3200元（含税）		款项收妥日期　年　月　日	收款人开户银行盖章　2016年12月1日

中国工商银行滨江分行 851 业务专用章

单位主管：　　会计：　　复核：　　记账：

2.3

中国工商银行滨江市分行邮、电、手续费收费凭证（借方凭证）①

2016年12月1日

缴款人名称：金华机床有限责任公司	信（电）汇　笔　汇票　笔　其他　笔
账号：中国工商银行兴安办事处 83852674	异托、委托1笔　支票　笔本　专用托收　笔

邮费金额					电报费金额					手续费金额					合计金额					科目（借）
百	十	元	角	分	百	十	元	角	分	百	十	元	角	分	百	十	元	角	分	对方科目
											1	4	0	0	¥	1	4	0	0	
合计金额	人民币（大写）：壹拾肆元整																			复核　记账 复票　制票

中国工商银行滨江市兴安办事处 2016.12.1 转讫

2.4

中国工商银行转账支票存根

支票号码 No.3789620

科　　目____________

对方科目 应收账款

签发日期 2016 年 12 月 1 日

收款人：滨江市铁路分局
金额：¥3200.00
用途：代垫运输费
备注：

单位主管：　　　　　　会计：

复　　核：　　　　　　记账：

3.1

企业医疗保险缴费征缴通知单

填报日期：2016 年 12 月 1 日　　　　　　单位：人、元

<table>
<tr><td>单位全称</td><td colspan="4">金华机床有限责任公司</td><td rowspan="2">在职人数</td><td colspan="2" rowspan="2"></td></tr>
<tr><td>税务登记号</td><td colspan="4">453122890635288</td></tr>
<tr><td>医保登记证编号</td><td colspan="2">21060102523</td><td colspan="2">单位电脑编号</td><td colspan="3">210601002523</td></tr>
<tr><td>缴费方式</td><td>税务征收</td><td colspan="2">保险费所属年月</td><td>2016 年 12 月</td><td colspan="2">税款限缴期</td><td></td></tr>
<tr><td>项目</td><td>缴费人数</td><td>缴费基数</td><td colspan="2">缴费比例</td><td colspan="3">应缴金额</td></tr>
<tr><td>缴费</td><td></td><td></td><td colspan="2"></td><td colspan="3">25 000.00</td></tr>
<tr><td>利息</td><td></td><td></td><td colspan="2"></td><td colspan="3"></td></tr>
<tr><td>滞纳金</td><td></td><td></td><td colspan="2"></td><td colspan="3"></td></tr>
<tr><td>其他</td><td></td><td></td><td colspan="2"></td><td colspan="3"></td></tr>
<tr><td>缴费总计（大写）：</td><td colspan="3">贰万伍仟元整</td><td>缴费总计（小写）：</td><td colspan="3">25 000.00</td></tr>
<tr><td colspan="4">滨江市医疗保险事业管理局（章）</td><td colspan="4">审核经办人：王琳</td></tr>
</table>

第三联　缴款单位留存

滨江市医疗保险管理局 财务专用章

3.2

中华人民共和国 税收缴款书

（2016）36752571号　　地

隶属关系：区级　　　　征收机关：滨江市地税局第二税务所

注册类型：有限责任公司　　　　填制日期：2016年12月1日

缴款单位	代码	21060102523		预算科目	编码	1002
	全称	金华机床有限责任公司			名称	
	开户银行	中国工商银行兴安办事处			级次	市级40% 区级60%
	账号	83852674		收缴国库		兴安库
税款所属时期：2016年11月1日至2016年11月30日				税款限缴日期：2016年12月15日		
品目名称	课税数量	计税金额或销售收入		税率或单位税额	已缴或扣除额	实缴金额
医疗保险						25 000.00
金额合计	（大写）人民币：贰万伍仟元整					
缴款单位（盖章） 经办人（章）		税务机关（盖章） 填票人（章）		上列款项已收妥并划转国库（盖章） 2016年12月1日		备注：

逾期不缴按税法规定加收滞纳金

第一联　缴款单位作完税凭证

4.1

鞍山市增值税专用发票

No.00846

发　票　联

开票日期：2016年11月27日

购货单位	名　　称：金华机床有限责任公司 纳税人登记号：453122890635288 地　址、电　话：滨江市兴安区锦江路85号 开户银行及账号：中国工商银行兴安办事处 83852674				密码区	（略）	
商品或劳务名称	规格型号	计量单位	数量	单价	金额	税率	税　额
圆钢	40CrΦ55	吨	25	3 100.00	77 500.00	17%	13 175.00
合　计					¥77 500.00		¥13 175.00
价税合计（大写）	⊗玖拾万零仟陆佰柒拾伍元零角零分				¥：90 675.00		
销货单位	名　　称：鞍山钢铁公司一车间 纳税人登记号：038624116679115 地　址、电　话：……28号 开户银行及账号：中国工商银行元丰办事处 83862674						

收款人：齐中光　　　　开票单位：（未盖章无效）

第二联　发票联　购货方记账凭证

4.2

2106734409　　**鞍山市增值税专用发票**　　No.00672573

发　票　联

开票日期：2016年12月1日

购货单位	名称：金华机床有限责任公司 纳税人登记号：453122890635288 地址、电话：滨江市锦江路85号 开户银行及账号：中国工商银行兴安办事处835852674	密码区	（略）

货物或应税劳务名称	规格型号	单位	数量	单价	金额	税率	税额
运输					4 504.50	11%	495.50
合计					¥4 504.50		¥495.50
价税合计（大写）	⊗伍仟元整				（小写）¥：5 000		

销货单位	名称：鞍山铁路分局 纳税人登记号：210667100592605 地址、电话：鞍山市治江街6号 开户银行及账号：中国工商银行开发区支行84251636	备注	

第二联 发票联 购货方记账凭证

收款人：周缘　　复核：何静　　开票人：朱苏　　销货单位：（章）

5

领料单汇总表

开票日期：2016 年 12 月 2 日

领料部门	用途	材料编号	材料名称	规格	单位	数量	计划价格	
							单价	金额
铸造车间	普通车床	11001	生铁		吨	30	2 300	69 000
		12105	焦炭		吨	15	470	7 050
		12106	煤		吨	10	180	1 800
	合计							77 850
	刻模铣床	11001	生铁		吨	8	2 300	18 400
		12105	焦炭		吨	10	470	4 700
		12106	煤		吨	5	180	900
	合计							24 000
机加车间	普通车床	15405	圆钢		吨	15	3 000	45 000
		16001	润滑油		千克	50	3.9	195
	合计							45 195
	刻模铣床	15405	圆钢		吨	6	3 000	18 000
		16001	润滑油		千克	20	3.9	78
	合计							18 078
装配车间	普通车床	13114	电机	Y123M	台	30	1 440	43 200
		13115	电机	AOB-25	台	100	260	26 000
		15002	轴承	D318	套	50	350	17 500
		15003	轴承	D462	套	200	138	27 600
		17001	标准件		个	300	20.5	6 150
		16001	润滑油		千克	100	3.9	390
	合计							120 840
	刻模铣床	13114	电机	Y123M	台	10	1 440	14 400
		13115	电机	AOB-25	台	50	260	13 000
		15002	轴承	D318	套	20	350	7 000
		15003	轴承	D462	套	10	138	1 380
		16001	润滑油		千克	30	3.9	117
	合计							35 897

附：领料单 21 张（略），领料单格式见 78#业务。

6

上海证券中央登记结算公司

941202	成交过户交割凭单		买
股东编号：	A128 463	成交证券：	欧亚股份
电脑编号：	83 516	成交数量：	2 000
公司编号：	731	成交价格：	119.4
申请编号：	251	成交金额：	238 800
申报时间：	10:30	标准佣金：	477.6
成交时间：	11:50	过户费用：	6
上次交割：	305(股)	印花税：	716.4
本次成交：	2 000（股）	应收金额：	
本次余额：	2 305（股）	附加费用：	
本次库存：		实付金额：	240 000

③通知联

经办单位：　　客户签章：金华机床有限责任公司　　日期：2016年12月2日

滨江市证券交易所 财务专用章

7.1

固定资产验收单

捐赠单位：万达公司

接受单位：金华机床有限责任公司　　2016年12月2日　　调拨单号：0054

调拨原因或依据		捐　赠				调拨方式	无　偿	
固定资产名称	规格及型号	单位	数量	预计使用年限	已使用年限	原　值	已提折旧	净　值
刨床		台	2	18		$41 329.00		
捐赠单位					接受单位			
公章： 财务：陈　玉 经办：李　辉					公章： 财务：高　林 经办：关　军			

滨江市万达公司（公章）业务专用章　　金华机床有限责任公司（公章）业务专用章

会计主管：王守华　　稽核：　　制单：

7.2

江城会计师事务所文件

滨江〔2016〕字第 125 号

★

资产评估报告

金华机床有限责任公司：

我所受贵单位的委托，依据《中华人民共和国国有资产评估办法》《中华人民共和国注册会计师法》和《工业企业会计制度》等的规定，对贵公司接受万达公司捐赠的刨床 2 台进行评估。原始价值 41 329 美元，当日汇率 6.17，固定资产价值按公允价值确定为 255 000 元。

评估员：王　军

中国注册会计师：张凡立

江城会计师事务所

2016 年 12 月 2 日

7.3

滨江增值税专用发票

发　票　联

2101158247　　　　No.015200185

开票日期：2016 年 12 月 2 日

购货单位	名　　称：金华机床有限责任公司 纳税人识别号：453122890635288 地 址、电 话：滨江市兴安区锦江路 85 号 开户行及账号：中国工商银行兴安办事处 83852674					密码区	（略）
货物或应税劳务名称	规格型号	单位	数量	单价	金额	税率	税额
刨床		台	1	255 000.00	255 000.00	17%	43 350.00
价格合计（大写）	⊗贰拾玖万捌仟叁佰伍拾元整				（小写）		¥298 350.00
销货单位	名　　称：万达公司 纳税人识别号：179421145671414 地 址、电 话：大连市南区 118 号 0411-4155622 开户行及账号：工商银行 1977672143					备注	

第二联　发票联　购货方记账凭证

收款人：李　晓　　　复核：高　宝　　　开票人：赵　宏　　　销货单位：（章）

8.1

大连市增值税专用发票

发票联

开票日期：2016年11月28日　　　　No.006251

购货单位	名　　　称：金华机床有限责任公司 纳税人识别号：453122890635288 地 址、电 话：滨江市兴安区锦江路85号 开户行及账号：中国工商银行兴安办事处83852674					
商品或劳务名称	计量单位	数量	单价	金　额	税率	税　额
起重机		1	28 500	28 500.00	17%	4 845.00
合计				¥28 500.00		¥　4 845.00
价税合计（大写）	⊗佰⊗拾叁万叁仟叁佰肆拾伍元零角零分			¥：33 345.00		
销货单位	名　　　称：大连市起重机厂 纳税人识别号：038624116679115 地 址、电 话：沙河口市区35号 开户行及账号：沙河口办事处8362157					

收款人：方　辉　　　　开票单位：（未盖章无效）

第二联　发票联　购货方记账凭证

8.2

大连市增值税专用发票

发票联

开票日期：2016年12月3日　　　　No.006252

购货单位	名　　　称：金华机床有限责任公司 纳税人识别号：453122890635288 地 址、电 话：滨江市兴安区锦江路85号 开户行及账号：中国工商银行兴安办事处83852674					
商品或劳务名称	计量单位	数量	单价	金　额	税率	税　额
设备安装				1 470.09	17%	249.91
合计				¥1 470.09		¥249.91
价税合计（大写）	⊗佰⊗拾⊗万壹仟柒佰贰拾零元零角零分			¥：1 720.00		
销货单位	名　　　称：大连市起重机厂 纳税人识别号：038624116679115 地 址、电 话：沙河口市区35号 开户行及账号：沙河口办事处8362157					

收款人：方　辉　　　　开票单位：（未盖章无效）

第二联　发票联　购货方记账凭证

8.3

中国工商银行信汇凭证（回单）　1　第　号

委托日期：2016 年 12 月 4 日

汇款人	全　称	金华机床有限责任公司			收款人	全　称	大连市起重机厂	
	账　号 或地址	中国工商银行兴安办事处 83852674				账　号 或地址	中国工商银行沙河口办事处 8362157	
	汇　出 地　点	省滨江　市 县	汇　出 地　点	锦江路 85 号		汇　入 地　点	省大连　市 县	汇　入 地　点	沙河口市 区 35 号
金额	人民币 （大写）：叁万伍仟零陆拾伍元整						千 百 十 万 千 百 十 元 角 分 ¥ 3 5 0 6 5 0 0	
汇款用途：付货款及安装费 上述款项已根据委托办理，如需查询，请持此回单来行面洽。 年　月　日					汇出行盖章 中国工商银行滨江分行 业务专用章			

此联是汇出银行给汇款人的回单

单位主管　　会计　　复核　　记账

9.1

开具红字增值税专用发票通知单（第三联）

填开日期：2016 年 12 月 4 日　　**NO.2106950902004796**

销售方	名称	开原轴承厂	购买方	名称	金华机床有限责任公司	
	税务登记代码	126411542573909		税务登记代码	453122890635288	
开具红字专用发票内容	货物（劳务）名称	数量	单价	金额	税率	税额
	轴承型号 D318	-400	275.00	-110 000.00	17%	-18 700.00
说明	一、购买方申请☐ 对应蓝字专用发票抵扣增值税销项税额情况： 1．需要作出进项税额转出☐ 2．不需要作进项税额转出☐ （1）无法认证☐ （2）纳税人识别认证不符☐ （3）增值税专用发票代码、号码认证不符☐ （4）所购货物不属于增值税扣税项目范围☐ 对应蓝字增值税专用发票密码区内打印的代码： 号码： 二、销售方申请☐ （1）因开票有误购买方拒收的☐ （2）因开票有误等原因尚未交付的☐ 对应蓝字增值税专用发票密码区内打印的代码： 号码： 开具红字专用发票的理由：规格不符合要求					

滨江市税务局 业务专用章

经办人：李立新　　负责人：关敏　　　　主管税务机关名称（印章）：滨江市国税局

注：1. 本通知单一式三联：第一联，申请方主管税务机关留存；第二联，申请方交对方留存；第三联，申请方留存。
2. 通知单应与申请单一一对应。

9.2

开原增值税专用发票

发票联

2112152262　　　　No.00300689

销项负数　　　　开票日期：2016 年 12 月 4 日

购货单位	名　　称：金华机床有限责任公司 纳税人识别号：453122890635288 地 址、电 话：滨江市兴安区锦江路 85 号 开户行及账号：中国工商银行兴安办事处 83852674					密码区	（略）
货物或应税劳务名称	规格型号	单位	数量	单价	金额	税率	税额
轴承	D318	套	-400	275.00	-110 000.00	17%	-18 700.00
合　计					¥-110 000.00		¥-18 700.00
价格合计（大写）	⊗（负数）壹拾贰万捌仟柒佰元整				（小写）¥-128 700.00		
销货单位	名　　称：开原轴承厂 纳税人识别号：211211542573909 地 址、电 话：开原市五一路 25 号 开户行及账号：中国工商银行五一路支行 33852288					备注	对应正数发票代码　1264152262 号码：00295377

第二联　发票联　购货方记账凭证

收款人：李　飞　　　复核：张　瑜　　　开票人：秦　志　　　销货单位：（章）

开原轴承厂　211211542573909　发票专用章

10.1

滨江市增值税专用发票

此联不作报销、扣税凭证使用

No.083299

开票日期：2016 年 12 月 3 日

购货单位	名　　称：滨江市机电公司 纳税人登记号：846251772266355 地 址、电 话：锦山大街 25 号 开户行及账号：中国工商银行前卫办事处 83852674					
商品或劳务名称	计量单位	数量	单价	金　额	税率	税　额
刻模铣床	台	5	28 000	140 000.00	17%	23 800.00
合计				¥140 000.00		¥23 800.00
合计（大写）	⊗壹拾陆万叁仟捌佰零拾零元零角零分				¥：163 800.00	
销货单位	名　　称：金华机床有限责任公司 纳税人登记号：453122890635288 地 址、电 话：兴安区锦江路 85 号 开户行及账号：中国工商银行兴安办事处 83862674					

第四联　记账联　售货方记账凭证

收款人：陈晓艺　　　　开票单位：（未盖章无效）

金华机床有限责任公司　发票专用章

10.2

中国工商银行进账单（回单或收账通知） 1

第 号

收款人	全称	金华机床有限责任公司	付款人	全称	市机电公司
	账号	83852674		账号	2642579
	开户银行	中国工商银行兴安办事处		开户银行	中国工商银行兴安办事处
人民币（大写）：壹拾陆万叁仟捌佰零拾零元零角零分				千 百 十 万 千 百 十 元 角 分	1 6 3 8 0 0 0 0
票据种类			收款人开户行盖章		
票据张数					
单位主管 会计 复核 记账					

此联是收款人开户行交给收款人的回单或收账通知

中国工商银行滨江市兴安办事处 2016.12.3 转讫

11.1

贷款凭证（3）（收账通知）

总字第 8010 号
字第 120 号

2016 年 12 月 3 日

贷款单位名称	金华机床有限责任公司		种类	流动资金贷款	贷款户账号	83852674	
金额	人民币（大写）：壹拾肆万元整				千 百 十 万 千 百 十 元 角 分	¥ 1 4 0 0 0 0 0 0	
用途	生产周期	单位申请期限	自 2016 年 12 月 1 日起至 2017 年 6 月 30 日止			利率	10%
		银行核定期限	自 2016 年 12 月 1 日起至 2017 年 6 月 30 日止				
上列贷款已核准发放 流动资金 贷款 并已转收你单位 中国工商银行兴安办事处 83852674 账号账户。 银行签章 2016 年 12 月 3 日					单位会计分录 收入 付出 复核 记账 主管 会计		

中国工商银行滨江市兴安办事处 2016.12.3 转讫

11.2

短期借款申请书

2016 年 12 月 1 日

企业名称	金华机床有限责任公司	法人代表	王兴海	企业性质	有限责任
地址	滨江市兴安区锦江路 85 号	财务负责人	高 林	联系电话	
经营范围	生产各种机床	主管部门			机械公司
借款期限	自 2016 年 12 月 1 日至 2017 年 6 月 30 日			申请金额	140 000 元
主要用途及效益说明： 本公司近半年来，生产情况很好，产品销售情况有所好转，但由于回收货款较困难，特申请短期贷款。					
申请单位财务章		信贷员意见：			

财务部门负责人：高 林　　经办人：　　行主管领导：张 丰　　业务部门负责人：李 华

金华机床有限责任公司 财务专用章

中国工商银行滨江分行 业务专用章

12.1

企业发行债券申请书

企业名称 金华机床有限责任公司

地　　址 滨江市锦江路85号

电　　话 36890451

债券类型 流动资金

企业申请发行债券理由	补充流动资金。　申请单位（盖章） 财务负责人：高　林　章　法人代表：马大海　章　2016年11月10日 金华机床有限责任公司 业务专用章		
企业主管部门意见	（盖　章） 年　月　日	省/市计经委审查意见	（盖　章） 年　月　日
开户银行审核意见	开户银行章 中国工商银行滨江分行 业务专用章 经办人：申　华　章　负责人：张卫东　章　2016年11月20日		
人民银行审批意见	经审核同意你单位（公开）发行企业债券　52　万元面值50万元，用于企业（流动）资金需要，期限2年，利率12%，发行时间为2016年11月20日起至2016年12月19日止，发行债券所集资金必须存入开户银行，本债券于2018年12月19日到期还本，按（利随本清）方式付息，本债券发行中不得强行摊派，集资款不得挪作他用。 中国人民银行滨江分行 发行有价证券审批专用章 审批机关　章 经办员：孙　军　行长：修玉明　2016年11月20日		

12.2

中国工商银行进账单（回单或收账通知）　1

第　号

收款人			付款人		
收款人	全　称	金华机床有限责任公司	付款人	全　称	宏新开发公司
	账　号	83852674		账　号	2306154
	开户银行	中国工商银行兴安办事处		开户银行	中国工商银行用丰办事处

人民币（大写）：伍拾贰万元整	千	百	十	万	千	百	十	元	角	分
		¥	5	2	0	0	0	0	0	0

票据种类		收款人开户行盖章
票据张数		
单位主管　会计　复核　记账		

中国工商银行滨江市兴安办事处 2016.12.3 转讫

此联是收款人开户行交给收款人的回单或收账通知

13.1

固定资产验收单

销货单位：滨江市重型机械厂　　2016年12月4日　　调拨单号：08425

购货单位：金华机床有限责任公司

调拨原因或依据		生产急需				调拨方式	有　偿		
固定资产名称	规格及型号	单位	数　量	预计使用年限	已使用年限	原　值	已提折旧	净　值	协商价格
万能磨床	（生产急需）	台	2	18	5	160 000	12 000	148 000	148 000
调出单位			调入单位					备注：	
公章： 财务： 经办：			公章： 财务： 经办：						

滨江市重型机械厂 业务专用章　　金华机床有限责任公司 财务专用章

会计主管：高　林　　稽核：　　制单：宋　军

13.2

中国工商银行转账支票存根

支票号码 No.3789622

科　　目________

对方科目________

签发日期 2016年12月4日

收款人：滨江市重型机械厂
金额：¥150 960.00
用途：付货款
备注：

单位主管　　会计

复　　核　　记账

13.3

滨江市增值税专用发票

发票联

2101158456　　　　　　　　　　　　　　　　No.015200147

开票日期：2016 年 12 月 4 日

购货单位	名　　称：金华机床有限责任公司 纳税人识别号：453122890635288 地 址、电 话：滨江市兴安区锦江路 85 号 开户行及账号：中国工商银行兴安办事处 83852674				密码区	（略）	
货物或应税劳务名称	规格型号	单位	数量	单价	金额	税率	税额
万能磨床		台	2	74 000.00	148 000.00	2%	2 960
价格合计（大写）	⊗壹拾伍万零玖佰陆拾元整					（小写）	¥150 960
销货单位	名　　称：滨江市重型机械厂 纳税人识别号：179421145671389 地 址、电 话：滨江市开发路 11 号 0415-4155622 开户行及账号：中国工商银行 1977792143				备注		

收款人：李　方　　　复核：高　方　　　开票人：李　宏　　　销货单位：（章）

（印章：滨江市重型机械厂 179421145671389 发票专用章）

第二联　发票联　购货方记账凭证

14

中国工商银行兴安办事处贷款利息凭证

2016 年 12 月 4 日

收款单位	账　　号	261	付款单位	账　　号	83852674
	户　　名	营业收入		户　　名	金华机床有限责任公司
	开户银行	中国工商银行兴安办事处		开户银行	中国工商银行兴安办事处
积数：1 460 000			利率：10.89%		利息：48 000
________户第四季度利息			科目________ 对方科目________ 复核员：　　记账员：		

（印章：中国工商银行滨江市兴安办事处 2016.12.4 转讫）

15.1

滨江市商业零售统一发票

发　票　联

客户名称：金华机床有限责任公司　　　　2016 年 12 月 4 日　　　　No.089675

货号	品名及规格	单　位	数　量	单　价	超十万无效	金额 万	千	百	十	元	角	分
	计算器	个	20	121.00			2	4	2	0	0	0
	笔记本	本	10	8.00					8	0	0	0
合计金额（大写）	贰仟伍佰零拾零元零角零分					¥	2	5	0	0	0	0
付款方式	转账	开户银行及账号										

2 报销凭证

收款企业：（盖章有效）　　　　收款人：张　娟　　　　开票人：景　然

（印章：滨江市鸭绿江百货商店 财务专用章）

15.2

中国工商银行转账支票存根

支票号码 No.3789623

科　　目＿＿＿＿＿＿

对方科目＿＿＿＿＿＿

签发日期 2016 年 12 月 4 日

收款人：鸭绿江百货商店
金额：¥2 500.00.
用途：付货款
备注：

单位主管　　　　会计

复　　核　　　　记账

16

大连市增值税专用发票

2102012141　　　　此联不作报销、扣税凭证使用　　　　No.00001465

开票日期：2016 年 12 月 3 日

购货单位	名　　　　称：金华机床有限责任公司 税务人登记号：453122890635288 地 址、电 话：滨江市兴安区锦江路 85 号 开户行及账号：中国工商银行兴安办事处 83852674						
商品或劳务名称	规格型号	计量单位	数量	单价	金　额	税率	税　额
圆钢		吨	50	3 200.00	160 000.00	17%	27 200.00
价税合计（大写）	⊗壹拾捌万柒仟贰佰零拾零元零角零分				¥：187 200.00		
销货单位	名　　　　称：顺达集团 纳税人登记号：862514110864675 地 址、电 话：青年大街 28 号 开户银行及账号：中国工商银行广源办事处 83421161					备注	

第二联　发票联　购货方记账凭证

销货单位（章）：　　　　收款人：　　　　复核：　　　　开票人：于凡

（印章：顺达集团公司 发票专用章）

17.1

本溪市增值税专用发票

No.002035

发　票　联

开票日期：2016 年 12 月 5 日

购货单位	名　　称：金华机床有限责任公司 纳税人登记号：453122890636288 地 址、电 话：滨江市兴安区锦江路 85 号 开户行及账号：中国工商银行兴安办事处 83852674					
商品或劳务名称	计量单位	数量	单价	金　额	税率	税　额
φ55 圆钢	吨	5	3 200	16 000.00	17%	2 720.00
合计				¥16 000.00		¥2 720.00
合计（大写）	⊗壹万捌仟柒佰贰拾零元零角零分			¥：18 720.00		
销货单位	名　　称：本溪钢铁公司 纳税人登记号：8400[illegible]5210016794 地 址、电 话：守山[illegible]56 号 开户行及账号：中国工商银行站前办事处 84621511					

第二联　发票联　购货方记账凭证

收款人：刘　　　　开票单位：（未盖章无效）

本溪钢铁公司 发票专用章

17.2

中国工商银行电汇凭证（回单）

委托日期：2016 年 12 月 6 日　　　　第 1075 号

汇款人	全　称	本溪钢铁公司			收款人	全　称	金华机床有限责任公司		
	账　号或地址	中国工商银行站前办事处 84621511				账　号或地址	中国工商银行兴安办事处 83862674		
	汇　出地　点	辽宁省　市县	汇出行名　称	中国工商银行		汇　入地　点	辽宁省　市县	汇入行名　称	中国工商银行
金额	人民币（大写）：贰仟柒佰捌拾元整							千百十万千百十元角分	¥ 2 7 8 0 0 0
汇款用途：采购剩余款							汇出行盖章		

此联是汇出银行给汇款人的回单

中国工商银行本溪市站前办事处 2016.12.6 转讫

上述款项已根据委托办理，如需查询，请持此回单来行面洽。

单位主管　　会计　　复核　　记账

17.3

2101157897　　　　**本溪市增值税专用发票**　　　　No.015200589

发票联

开票日期：2016年12月5日

购货单位	名　　称：金华机床有限责任公司 纳税人登记号：453122890635288 地 址、电 话：滨江市锦江路85号 开户行及账号：中国工商银行兴安办事处83852674					密码区	（略）
货物或应税劳务名称	规格型号	单位	数量	单位	金　额	税率	税额
运输					1 351.35	11%	148.65
合　计							
价税合计（大写）	⊗壹仟伍佰元整				（小写）¥：1 500		
销货单位	名　　称：本溪铁路分局 纳税人登记号：19421145677853 地 址、电 话：本溪市北区255号0415-4155452 开户行及账号：中国工商银行泉涌支行1977645639					备注	本溪铁路分局 179121145677853 发票专用章

第二联　发票联　购货方记账凭证

收款人：王　红　　　复核：张　波　　　开票人：李　平　　　销货单位：（章）

18

滨江市人民医院

门诊医疗费收据

姓　名　李大海　　　　　　　　　　　　No.9949217

项　　目	百	十	元	角	分
检查费		5	0	0	0
治疗费					
放射费					
手术费					
化验费					
输血费					
输氧费					
观察床费					
西药费	1	4	0	0	0
中成药费		4	0	0	0
中草药费					
自费中药					
自费西药					
人民币（大写）	贰佰叁拾零元零角零分				

现金付讫

备　注

1. 收据丢失不补。
2. 无收讫印无效。
3. 检查费包括心电、脑电、B 超、镜检等各种仪器检查。

¥230.00

滨江市人民医院 财务专用章

2016 年 12 月 5 日　　　　　　收款人：周　杰

19.1

中国工商银行转账支票存根

支票号码　No.3789624

科　　目____________

对方科目____________

签发日期 2016 年 12 月 5 日

收款人：锦江邮电局
金额：¥4 800.00
用途：报刊费
备注：

单位主管　　　　会计

复　　核　　　　记账

19.2

滨江市报刊发行专用发票

No. 000815

（印章：全国统一发票监制章　滨江市税务局监制）

发票联

段别	户名：金华机床有限责任公司 地址：滨江市兴安区锦江路 85 号			自费/公费订阅	日期 2016 年 12 月 5 日						
报刊代号	报 刊 名 称	订阅份数	起止订购	每份　月份	共计款额 万	千	百	十	元	角	分
	滨江日报等	50	2016 年 1～6 月			4	8	0	0	0	0
金额合计（大写）：⊗肆仟捌佰零拾零元零角零分					¥	4	8	0	0	0	0

②报销凭证

收款单位：（盖章有效）　　收款人：张　通

（印章：滨江市锦江邮电局　发票专用章）

20.1

中国工商银行电汇凭证（收账通知或取款通知）　4

委托日期：2016 年 12 月 5 日　　第 *18500* 号

应解汇款号：

汇款人	全　称	南方机电公司			收款人	全　称	金华机床有限责任公司		
	账　号或地址	*1840051*				账　号或地址	*83852674*		
	汇　出地　点	广东省　市县	汇出行名　称	华美办事处		汇　入地　点	辽宁省滨江市	汇入行名　称	兴安办事处

金额	人民币（大写）：⊗肆拾万零仟零佰零拾零元零角零分	千	百	十	万	千	百	十	元	角	分
			¥	*4*	*0*	*0*	*0*	*0*	*0*	*0*	*0*

汇款用途：偿还货款	留行待取 预留收款人印鉴

上述款项已根据委托办理，如需查询，请持此回单来行面洽。 汇入行盖章 2016 年 12 月 5 日	上列款已照收无误 收款人盖章 2016 年 12 月 5 日	科目（借）________ 对方科目（贷）________ 汇入行解汇日期　年　月　日 复核　记账　出纳

（印章：中国工商银行滨江市兴安办事处　2016.12.5　转讫）

此联是给收款人的收账通知或代取款收据

20.2

债务重组协议

甲方（债权方）：金华机床有限责任公司

乙方（债务方）：南方机电公司

2013 年 5 月乙方购买甲方产品欠货款 520 000 元，由于乙方企业调整，资金周转困难，货款一直未能支付。现经双方多次协调，达成新的付款协议，乙方以 400 000 元清偿前欠甲方的货款。

本协议自双方签章开始生效。

甲方：金华机床有限责任公司　　　　乙方：南方机电公司

法人代表：马大海　　　　法人代表：张加深

（印章：金华机床有限责任公司 业务专用章）　　（印章：南方机电公司 业务专用章）

2016 年 12 月 5 日　　　　2016 年 12 月 5 日

21.1

地方各税纳税申报表

编码：　　　　滨税申表三

申报单位：金华机床有限责任公司　　申报日期：2016 年 12 月 5 日　　金额单位：元（列至角分）

房产税	从值征收						从租征收					
	项目	房产原值	应税房产原值	计税房产原值	年税率	年应纳税额	本期租金收入	税率	本期计算税额	本期减免税额	本期应纳税额	税款所属期
	厂房税	355 000	355 000		1.2%	4 260	21 300				21 300	下半年
	合计											

土地使用税	项目	地段等级	占地总面积 m^2	免税面积 m^2	应税面积 m^2	年单位税额	年应纳税额	本期计算税额	本期减免税额	本期应纳税额	税款所属期
	土地税	1	3.6 万		3.6 万	0.8	28 800	14 400		14 400	下半年
	合计										

车船使用税	类别	项目	数量（辆、艘）	计税依据（辆、吨）	年单位税额	年应纳税额	本期应纳税额	税收所属期
	载重车		6 辆	106 号	5	530.00	530.00	全年
	面包车		1 辆	1 辆	120.00	120.00	120.00	全年
	轿车		1 辆	1 辆	150.00	150.00	150.00	全年
	合　计							

印花税	税目	计税依据	税　率	应纳税额		税款所属期
	账簿	5 000	3‰	15.00		全年
	固定资产增值	150 000	5‰	750.00		全年
	合　计			765.00		

（印章：滨江市税务局 业务专用章）

单位负责人：王兴海　　财务负责人：高　林　　办税人：于　波　　税务机关受理日期：

税务审核人：林　力

21.2

中华人民共和国
税收缴款书

No.1148235

隶属关系：

收入机关：市税务局　　填发日期：2016 年 12 月 5 日　　经济类型：国有联营企业

预算科目	款（税种）	地　税	缴款单位（人） 代　码	8625
	项		全　称	金华机床有限责任公司
	级　次	市　级	开户银行	中国工商银行兴安办事处
收款国库		市国库	账　号	83852674
税款所属期　2016 年 6 月 1 日			税款限缴日期　2016 年 12 月 31 日	

品目名称	课税数量	计税金额或销售收入	税率或单位税额	已缴或扣除额	亿	千	百	十	万	千	百	十	元	角	分
房产税	35.5 万平方米		1.1%	21 300					2	1	3	0	0	0	0
土地使用税	3.[illegible] 万平方米		0.8	14 400					1	4	4	0	0	0	0
车船使用税	印花税									1	5	6	5	0	0
金额合计（大写）：叁万柒仟贰佰陆拾伍元整								¥	3	7	2	6	5	0	0
缴款单位（人）（盖章） 经办人（章）	税务机关（盖章） 填表人（章）	上述款项已收妥并划转收款单位账户 国库（银行）盖章　2016 年 12 月 5 日			备注：										

无银行收讫章无效

第一联（收据）国库（经收处）收款盖章后退缴款单位（人）作完税凭证

缴款单位电话：　　逾期不缴按税法规定加收滞纳金　　缴款单位所属行业：

22.1

滨江市[illegible]用发票

发票联

No.5786313

开票日期：2016 年 12 月 6 日

购货单位	名　　称：金华机床有限责任公司 纳税人登记号：453122890636288 地 址、电 话：滨江市兴安区锦江路 85 号 开户行及账号：中国工商银行兴安办事处 83852674

商品或劳务名称	计量单位	数量	单价	金　额	税率	税额
劳保鞋	双	50	32.50	1 625.00	17%	276.25
耐热手套	副	10	4.50	45.00	17%	7. 65
合　计				¥1 670.00		¥283.90
合计（大写）	⊗壹仟玖佰伍拾叁元玖角零分				¥：1 953.90	

销货单位	名　　称：劳保用品商店 纳税人登记号：86245317662981 地 址、电 话：开源街 5 号 开户行及账号：中国工商银行开源办事处 8362517

第二联 发票联 购货方记账凭证

收款人：刘　任　　开票单位：（未盖章无效）

22.2

中国工商银行转账支票存根

支票号码 No.3789625

科 目__________

对方科目__________

签发日期 2016 年 12 月 6 日

收款人：劳保用品商店
金额：¥1953.90
用途：付货款
备注：

单位主管　　　会计

复　核　　　记账

23.1

滨江市增值税专用发票　　　　No.083300

发票联

开票日期：2016 年 12 月 6 日

购货单位	名　　称：大连重型机械厂					
	纳税人登记号：846259384139755					
	地 址、电 话：青泥洼街 30 号					
	开户行及账号：中国工商银行站前办事处 8625143					
商品或劳务名称	计量单位	数量	单价	金额	税率	税额
普通车床	台	2	42 300	84 600.00	17%	14 382.00
合计				¥84 600.00		¥14 382.00
合计（大写）	⊗玖万捌仟玖佰捌拾贰元零角零分			¥：98 982.00		
销货单位	名　　称：金华机床有限责任公司					
	纳税人登记号：453122890636288					
	地 址、电 话：滨江市兴安区锦江路 85 号					
	开户行及账号：中国工商银行兴安办事处 83852674					

第四联 记账联 售货方记账凭证

金华机床有限责任公司 发票专用章

收款人：陈晓艺　　　　开票单位：（未盖章无效）

23.2

商业承兑汇票（存根）　3

IX　IV7250502

签发日期：2016 年 12 月 6 日　　　　第　号

收款人	全　称	金华机床有限责任公司	付款人	全　称	大连重型机械厂
	账　号	83852674		账　号	8625143
	开户银行	中国工商银行兴安办事处		开户银行	中国工商银行站前办事处
汇票金额	人民币（大写）：玖万捌仟玖佰捌拾贰元整				
汇票到期日	年　月　日		交易合同号码		

千	百	十	万	千	百	十	元	角	分
		¥	9	8	9	8	2	0	0

备注：

本汇票已经本单位承兑，到期日无条件支付票据款。

此致

付款人

付款人盖章　　　　负责　　　　经办

此联签发人存查

24.1

滨江市增值税专用发票

No.397245

开票日期：2016 年 12 月 6 日

购货单位	名　　称：	金华机床有限责任公司
	纳税人登记号：	453122890636288
	地址、电话：	滨江市兴安区锦江路 85 号
	开户行及账号：	中国工商银行兴安办事处 83852674

商品或劳务名称	计量单位	数量	单价	金　额	税率	税　额
润滑油	千克	100	3.8	380.00	17%	64.60
合　计				¥380.00		¥64.60
合计（大写）	⊗佰⊗拾⊗万⊗仟肆佰肆拾肆元陆角零分			¥：444.60		

销货单位	名　　称：	滨江市物资公司
	纳税人登记号：	820067100592605
	地址、电话：	潘江街 6 号
	开户行及账号：	中国工商银行开发区办事处 8425163

收款人：李　渝　　　　开票单位：（未盖章无效）

第二联　发票联　购货方记账凭证

24.2

中国工商银行转账支票存根

支票号码 No.3789626

科　　目＿＿＿＿＿＿

对方科目＿＿＿＿＿＿

签发日期 2016 年 12 月 6 日

收款人：滨江市物资公司
金额：¥444.60
用途：付货款
备注：

单位主管　　　　会计

复　　核　　　　记账

25

偿还贷款凭证（第一联）

2016 年 12 月 7 日

借款单位名称	金华机床有限责任公司	贷款账号	84621	结算账号	83852674
还款金额（大写）	贰拾万元整	千 百 十 万 千 百 十 元 角 分	¥ 2 0 0 0 0 0 0 0		
贷款种类	短期借款	借出日期	2015 年 12 月 7 日	约定还款日期	2016 年 12 月 7 日
上述款项请由本单位 83852674 账户内偿还到期贷款。 此致 （印章：金华机床有限责任公司 财务专用章） 借款单位盖章		会计分录： 收： 付： （印章：中国工商银行滨江市兴安办事处 2016.12.4 转讫） 复核员　记账员			

偿还贷款收据

26

税收缴款书

No.1178138

收入机关：市税务局　　填发日期：2016年12月7日　　经济类型：国有联营企业

预算科目	款（税种）	国　税	缴款单位（人）	代　码	8311
	项			全　称	金华机床有限责任公司
	级　次	市　级		开户银行	中国工商银行兴安办事处
收款国库		市国库		账　号	83852674
税款所属期　2016年11月1日			税款限缴日期　2016年12月30日		

品目名称	课税数量	计税金额或销售收入	税率或单位税额	已缴或扣除额	亿	千	百	十	万	千	百	十	元	角	分
增值税			17%					1	7	4	7	0	0	0	0
金额合计（大写）壹拾柒万肆仟柒佰元整							¥	1	7	4	7	0	0	0	0

缴款单位（人）（盖章）经办人（章）	税务机关（盖章）填表人（章）	上述款项已收妥并划转收款单位账户　国库（银行）盖章　2016年12月7日	备注：

实缴税额

第一联（收据）国库（经收处）收款盖章后退缴款单位（人）作完税凭证

金华机床有限责任公司托儿所 财务专用章

滨江市税务分局 业务专用章

中国工商银行滨江市兴安办事处 2016.12.7 转讫

缴款单位电话：　　逾期不缴按税法规定加收滞纳金　　缴款单位所属行业：

27

贴现凭证（收账通知）　4

第　号

填写日期：2016年12月6日

申请人	全　称	金华机床有限责任公司	贴现汇票	种　类	商业承兑汇票	号码
	账　号	8385674		发票日	2016年10月10日	
	开户银行	中国工商银行兴安办事处		到期日	2017年3月10日	
汇票承兑人（或银行）	名称	北[illegible]机电公司	账号	82156626	开户银行	和平路办事处

汇票金额（即贴现金额）	人民币（大写）柒万玖仟贰佰元整	千	百	十	万	千	百	十	元	角	分
				¥	7	9	2	0	0	0	0

贴现率每年	8.3%	贴现利息	千	百	十	万	千	百	十	元	角	分	实付现金额	千	百	十	万	千	百	十	元	角	分
						¥	1	6	4	3	4	0				¥	7	7	5	5	6	6	0

上述款项已入你单位账户。

此致　银行盖章

2016年12月7日

此联是银行给贴现申请人的收账通知

中国工商银行滨江市兴安办事处 2016.12.6 转讫

28

中国工商银行兴安分行现金缴款单（回单）③　　No. 0152481

2016 年 12 月 8 日

款项来源	差旅费款	收款单位	全　称	金华机床有限责任公司
解款部门	厂办公室		账　号	83852674

人民币（大写）：壹仟捌佰元整

十	万	千	百	十	元	角	分
	¥	1	8	0	0	0	0

种类	张 数	种类	张 数	种类	张 数	种类	张 数
一百元	5	五元		五角		五分	
五十元	10	二元		二角		二分	
十元	80	一元		一角		一分	

中国工商银行滨江市兴安办事处
2016.12.8
转讫

（银行盖章）

收款：王　军

复核：

此联由银行盖章退回单位

29

市机床经销公司一笔应收账款 3 000 元，经确认作为坏账损失处理。

财务科长：高　林

2016 年 12 月 8 日

30.1

哈尔滨市增值税专用发票　　No.854673

发票联

全国统一发票监制章　税务局监制

开票日期：2016 年 12 月 8 日

购货单位	名　　称：金华机床有限责任公司 纳税人登记号：453122890636288 地 址、电 话：滨江市兴安区锦江路 85 号 开户行及账号：中国工商银行兴安办事处 83852674					
商品或劳务名称	计量单位	数量	单价	金　额	税率	税　额
D318 轴承	个	100	335	33 500.00	17%	5 695.00
合　计				¥33 500.00		¥5 695.00
合计（大写）	⊗叁万玖仟壹佰玖拾伍元零角零分				¥：39 195.00	
销货单位	名　　称：哈尔滨市轴承集团 纳税人登记号：821100425196755 地 址、电 话：林大路 225 号 开户行及账号：中国工商银行新华办事处 84621511					

滨江市轴承集团　发票专用章

第二联　发票联　购货方记账凭证

收款人：张　伟　　　　开票单位：（未盖章无效）

30.2

2104369210　　　　哈尔滨市增值税专用发票　　　　No.00953793

发　票　联

（全国统一发票监制章　税务局监制）

开票日期：2016年12月10日

购货单位	名　　　称：金华机床有限责任公司 纳税人登记号：210622890635288 地　址、电　话：滨江市兴安区锦江路85号 开户银行及账号：中国工商银行兴安办事处83852674	密码区	（略）

货物或应税劳务名称	规格型号	单位	数量	单价	金额	税率	税　额
运输					2 702.70	11%	297.30
合　计					¥2 702.70		¥297.30
价税合计（大写）	⊗叁仟元整				（小写）¥：3 000		

销货单位	名　　　称：哈尔滨铁路分局 纳税人登记号：210410101593629 地　址、电　话：哈尔滨市花园街10号 开户银行及账号：中国工商银行昌华支行18005613	备注	（哈尔滨铁路分局 210410101593629 发票专用章）

收款人：梁　辉　　　复核：裴　洪　　　开票人：常丽心　　　销货单位：（章）

第二联　发票联　购货方记账凭证

30.3

中国工商银行

付款期限
壹 个 月

银行汇票（收账通知 或取款通知） 4

汇票号码 第　号

签发日期（大写） 贰零壹陆年拾贰月零捌日　兑付地点：　兑付行：　行号：

收款人：金华机床有限责任公司　账号或地址：中国工商银行兴安办事处 83852674

汇款金额人民币（大写）：肆万肆仟元整

实际结算金额	人民币（大写）：肆万贰仟壹佰玖拾伍元整	千	百	十	万	千	百	十	元	角	分
				¥	4	2	1	9	5	0	0

汇款人：　账号或地址：

签发行：

汇款用途：

签发行盖章　年　月　日

中国工商银行滨江市兴安办事处 2016.12.8 转讫

多余金额								
百	十	万	千	百	十	元	角	分
		¥	1	8	0	5	0	0

左列退回多余金额已收入你账户内。

财务主管：王力　复核：　经办：金红

此联签发行结清后交汇款人

31

滨江市商业零售统一发票

发票联

全国统一发票监制章 税务局监制

No. 086357

客户名称：金华机床有限责任公司　2016年12月8日

货号	品名及规格	单位	数量	单价	超十万无效	万	千	百	十	元	角	分
	晒图纸							1	8	0	0	0
合计金额（大写）	壹佰捌拾零元零角零分						¥	1	8	0	0	0
付款方式	现金	开户银行及账号										

收款企业：（盖章有效）　收款人：王　云　开票人：陆　石

滨江市鸭绿江百货商店 发票专用章

2 报销凭证

32

领料单汇总表

开票日期：2016年12月9日

领料部门	用途	材料编号	材料名称	规格	单位	数量	计划价格	
							单价	金额
铸造车间	劳动保护		劳保鞋		双	20	30	600
			耐热手套		副	10	4.5	45
	合　计							645
机加车间	劳动保护		工作服		套	10	35.9	359
			劳保鞋		双	10	30	300
	车间用	30010	附件	勾扳手	个	30	4.8	144
	合　计							803
装配车间	劳动保护		劳保鞋		双	10	30	300
	车间用	30011	附件	法兰盘	个	40	13.5	540
		30012	附件	螺钉	盒	10	15	150
	合计							990
机修车间	检修	40010	专用工具		把	10	45	450
	劳动保护		劳保鞋		双	10	30	300
配电车间	车间用	40010	专用工具		把	10	45	450
厂部	劳动保护		工作服		套	3	35.9	107.7

附：领料单9张（略）

33.1

中国工商银行汇票委托书（存　根）　1

委托日期：2016年12月9日　　　　第 156 号

汇款人	金华机床有限责任公司			收款人	抚顺煤矿
账号或住址	83852674			账号或住址	1800561
兑付地点	辽宁省滨江 市/县	兑付行	中国工商银行	汇款用途	购煤
汇款金额	人民币（大写）	陆仟柒佰陆拾柒元整			千百十万千百十元角分 ¥676700
备注			科目________ 对方科目________		

中国工商银行滨江市兴安办事处 2016.12.9 转讫

此联由汇款人留存作记账凭证

财务主管　　　　复核　　　　经办

33.2

中国工商银行滨江市分行邮、电、手续费收费凭证（借方凭证）①

2016 年 12 月 9 日

缴款人名称：金华机床有限责任公司																				信（电）汇　笔　　汇票 1 笔　　其他　笔
账号：中国工商银行兴安办事处 83852674																				异托、委托 1 笔　支票　笔 本　　专用托收　笔
邮费金额					电报费金额					手续费金额					合计金额					科目（借）
百	十	元	角	分	百	十	元	角	分	百	十	元	角	分	百	十	元	角	分	
											¥	5	0	0		¥	5	0	0	对方科目
合计金额	人民币（大写）：伍元整																			复核　记账 复票　制票

中国工商银行滨江市兴安办事处
2016.12.9
转讫

34.1

领　　料　　单

领料部门：机修车间　　　　开票日期：2016 年 12 月 9 日　　　　第 0876 号

材料编号	材料名称	规　格	单　位	请领数量	实发数量	计划价格	
						单价	金额
15405	圆钢		吨	2	2	3 000	6 000
用途	检修基本生产分厂设备	领料部门			发料部门		
		负责人		领料人	核准人	发料人	

②仓库记账后转财务科

34.2

滨江市工业企业专用发票

发票联

全国统一发票监制章　税务局监制

2016 年 12 月 9 日

购货单位（全称）：金华机床有限责任公司　　　　第 0071680 号

产品名称（项目）	规格	件数	单位	数量	单价		金额								
							百	十	万	千	百	十	元	角	分
修理支出									¥	9	2	0	0	0	0
合计（大写）	⊗玖仟贰佰元整														
开户银行账号	中国工商银[illegible]永丰办事处 2815[illegible]62			结算方式	转账	合同		提货地点							
备　注	委托市设备大修厂进行三个基本生产车间维修														

滨江市设备大修厂　发票专用章

企业盖章：　　　　会计：于力华　　　　复核：　　　　制单：

第二联　发票联

34.3

中国工商银行转账支票存根

支票号码 No.3789627

科　　目______________

对方科目______________

签发日期 2016 年 12 月 9 日

收款人：滨江市设备大修厂
金额：¥9 200.00
用途：修理费
备注：

单位主管　　　　会计

复　　核　　　　记账

35.1

抚顺市增值税专用发票

（抚顺市国家税务局监制）

发票联　　　　No.008251

开票日期：2016 年 12 月 10 日

购货单位	名　　称：金华机床有限责任公司 纳税人登记号：453122890636288 地址、电话：滨江市兴安区锦江路 85 号 开户行及账号：中国工商银行兴安办事处 83852674						
商品或劳务名称	计量单位	数量	单价	金额	税率	税额	
煤	吨	30	170	5 100.00	17%	867.00	
合　计				¥5 100.00		¥867.00	
合计（大写）	⊗伍仟玖佰陆拾柒元零角零分			¥：5 967.00			
销货单位	名　　称：抚顺煤矿 纳税人登记号：562110101593629 地址、电话：花园路 10 号 开户行及账号：中国工商银行昌华办事处 1800661						

第二联　发票联　购货方记账凭证

（印章：抚顺煤矿 发票专用章）

收款人：姜　力　　　　开票单位：（未盖章无效）

35.2

抚顺增值税专用发票

发票联　　　　No.015200185

开票日期：2016 年 12 月 2 日

购货单位	名　　称：金华机床有限责任公司 纳税人登记号：453122890635288 地 址、电 话：滨江市兴安区锦江路 85 号 开户行及账号：中国工商银行兴安办事处 83852674				密码区	（略）	
货物或应税劳务名称	规格型号	单位	数量	单位	金　额	税率	税　额
货物运输					720.72	11%	79.28
价税合计（大写）	⊗捌佰元整				¥：800.00		
销货单位	名　　称：抚顺市货运公司 纳税人登记号：179421145671414 地 址、电 话：抚顺市南区 118 号 0411-4155622 开户行及账号：工商银行 1977672143				备注	抚顺市货运公司 发票专用章	

第二联　发票联　购货方记账凭证

收款人：李　晓　　　复核：高　宝　　　开票人：赵　宏　　　销货单位：（盖）

36

中国工商银行托收承付凭证（收账通知）　4　第　号

委托日期：2016 年 12 月 10 日　　　　托收号码：

承付期限
到期 20　年　月　日

付款人	全　称	长春机电公司	收款人	全　称	金华机床有限责任公司
	账号或地址	8675397		账　号	83852674
	开户银行	中国工商银行自由大道办事处		开户银行	中国工商银行兴安办事处　行号

托收金额	千	百	十	万	千	百	十	元	角	分
人民币（大写）：肆拾玖万捌仟壹佰壹拾元整		¥	4	9	8	1	1	0	0	0

附件	商品发运情况	合同名称号码
附寄单证张数或册数	铁路	851
备注：	上列款项已由付款人开户行全额划回并收入你方账户内。 此致 收款人 （收款人开户行盖章）　月　日	科目 对方科目 转账 2016 年 12 月 10 日 单位主管　会计 复核　记账

中国工商银行滨江市兴安办事处 2016.12.10 转讫

此联为收款人开户银行在款项收妥后给收款人的收账通知

付款人开户行收到日期：2016 年 12 月 10 日　　　支付日期：2016 年 12 月 10 日

37.1

滨江市人民医院

住院医疗费结算收据

姓名：王 亮　　2016年11月15日至2016年12月5日　　共住20天　住院号681号

医疗费用明细	千	百	十	元	角	分	医疗费用明细	千	百	十	元	角	分	结算明细	千	百	十	元	角	分
1. 住院费		8	3	5	0	0	8. 输血费	1	5	0	0	0	0	预交金						
2. 中草药费			4	4	0	0	9. 输氧费	2	0	0	0	0	0	结算交款	8	0	0	0	0	0
3. 中成药费							10. 镶装费							结算退款						
4. 西药费		1	2	9	0	0	11. 检查治疗费		9	5	6	0	0	应收或欠款						
5. 拍片、透视		1	3	6	0	0	12. 接生费													
6. 化验费							13.													
7. 手术费	2	4	0	0	0	0	合计	8	0	0	0	0	0							
人民币（大写）	捌仟零佰零拾零元零角零分																			

收据

住院费包括取暖费　　经办人：于力力　　2016年12月10日

37.2

中国工商银行转账支票存根

支票号码 No. 3789628

科　　目____________

对方科目____________

签发日期2016年12月10日

收款人：滨江市人民医院
金额：¥8 000.00
用途：医疗费
备注：

单位主管　　会计

复　　核　　记账

38.1

固定资产租赁合同

2016年12月5日　　第5号

出租单位名称	金华机床有限责任公司		租入单位名称	滨江市机床经销公司
固定资产名称	原始价值	已提折旧	租赁期限	租金
产成品库	116 500元	50 000元	2年	每月8 400元

设备科长：陈　军　　财务科长：高　林　　经手人：李明

38.2

滨江市增值税专用发票

发　票　联

2101157897　　　　No：015200589

开票日期：2016 年 12 月 11 日

购货单位	名　　称：滨江市机床经销公司 纳税人识别号：19421145677853 地 址、电 话：滨江市北区 225 号 0415-4155452 开户行及账号：中国工商银行泉涌支行 1977645639					密码区	（略）
货物或应税劳务名称	规格型号	单位	数量	单价	金额	税率	税额
出租建筑物					7 567.57	11%	832.43
合　计					¥7 567.57		¥832.43
价税合计（大写）	⊗捌仟肆佰元整				（小写） ¥8 400		
销货单位	名　　称：金华机床有限责任公司 纳税人识别号：453122090636288 地 址、电 话：滨江市兴安区锦江路 85 号 开户行及账号：中国工商银行兴安办事处 83852674					备注	金华机床有限责任公司 发票专用章

第二联　发票联　购货方记账凭证

收款人：王　红　　复核：张　波　　开票人：李　平　　销货单位：（章）

38.3

中国工商银行进账单（回单或收账通知）　1

第　号

收款人	全　称	金华机床有限责任公司	付款人	全　称	滨江市机床经销公司
	账　号	83852674		账　号	1977645639
	开户银行	中国工商银行兴安办事处		开户银行	中国工商银行泉涌支行
人民币（大写）：捌仟肆佰元整				千百十万千百十元角分	¥840000
票据种类					
票据张数					
单位主管　会计　复核　记账			收款人开户行盖章		

中国工商银行滨江市兴安办事处　2016.12.10　转讫

此联是收款人开户行交给收款人的回单或收账通知

39.1

投资银行有价证券代保管单

2016 年 12 月 10 日 No.034785

<table>
<tr><td>申请保管人</td><td>金华机床有限责任公司</td><td colspan="4">单位及电话</td><td colspan="4">36890451</td><td colspan="3">保管明细表</td></tr>
<tr><td rowspan="2">面额总额（大写）</td><td rowspan="2">伍拾万元整</td><td>十</td><td>万</td><td>千</td><td>百</td><td>十</td><td>元</td><td>角</td><td>分</td><td rowspan="2">名称</td><td rowspan="2">张数</td><td rowspan="2">面值</td></tr>
<tr><td>5</td><td>0</td><td>0</td><td>0</td><td>0</td><td>0</td><td>0</td><td>0</td></tr>
<tr><td>保管期限</td><td colspan="9">自 2016 年 12 月 10 日至 2018 年 12 月 10 日止</td><td>滨江市房屋开发总公司企业债券</td><td>10 000</td><td>50</td></tr>
<tr><td>保管费率‰</td><td></td><td colspan="4">保管费</td><td colspan="4"></td><td></td><td></td><td></td></tr>
<tr><td colspan="6">备注：
1. 一年为一个保管期，不足一年按一年收费，逾期不足一年，逾期时间按一年算。
2. 本保管单不得流通、抵押、转让。
3. “名称”栏内应注明何种债券及具体发债单位。
4. 提取证券时凭身份证办理。</td><td colspan="4">受托单位：
（盖章）
经办员：
复核员：</td><td></td><td></td><td></td></tr>
</table>

投资银行滨江市分行 业务专用章

④领取保管权凭证

39.2

中国工商银行转账支票存根

支票号码 No.3789629

科　　目__________

对方科目 持有至到期投资

签发日期 2016 年 12 月 10 日

收款人：
金额：¥540 000.00
用途：购买债券
备注：

单位主管　　　　会计

复　　核　　　　记账

40.1

滨江市增值税专用发票　　No.6039274

发　票　联

开票日期：2016 年 12 月 10 日

购货单位	名　　称：金华机床有限责任公司 纳税人登记号：453122890636288 地 址、电 话：滨江市兴安区锦江路 85 号 开户行及账号：中国工商银行兴安办事处 83852674					
商品或劳务名称	计量单位	数量	单价	金　额	税率	税　额
电冰柜	台	2	2 300	4 600.00	17%	782.00
电烤箱	台	1	1 450	1 450.00	17%	246.50
合　计				¥6 050.00		¥1 028.50
合计（大写）	⊗柒仟零佰柒拾捌元伍角零分　　¥：7 078.50					
销货单位	名　　称：滨江市家电公司 纳税人登记号：39006127597156 地 址、电 话：珍珠路 24 号 开户行及账号：中国工商银行振兴路办事处					

第二联　发票联　购货方记账凭证

收款人：张伟华　　开票单位：（未盖章无效）

（印章：滨江市家电公司 发票专用章；全国统一发票监制章 税务局监制）

40.2

中国工商银行转账支票存根

支票号码 No.3789630

科　　目____________

对方科目____________

签发日期 2016 年 12 月 10 日

收款人：滨江市家电公司
金额：¥7 078.50
用途：购货
备注：

单位主管　　会计

复　　核　　记账

40.3

固定资产验收单

2016 年 12 月 10 日

名称	单位	数量	单价	预计使用年限	使用部门
电冰柜	台	2	2 300	8	食堂

经办人：王　强　　　　会计：于　波

41

偿还贷款凭证（第一联）

2016 年 12 月 10 日

借款单位名称	金华机床有限责任公司	贷款账号	84621	结算账号	83852674
还款金额（大写）	伍拾伍万元整			千百十万千百十元角分	¥ 5 5 0 0 0 0 0 0
贷款种类	长期借款	借出日期	2011 年 1 月 20 日	约定还款日期	2016 年 12 月 10 日

上述款项请由本单位 99415663 账户内偿还到期贷款。

此致

中国工商银行滨江市兴安办事处
2016.12.10
转
讫

借款单位盖章

会计分录：

收：

付：

复核员　　记账员

偿还贷款收据

42.1

固定资产清理报废单

2016 年 12 月 1 日　签发　　编号

主管部门：机械公司				使用单位：金华机床有限责任公司					
名称及型号	单位	数量	原始价值	已提折旧	净值	预计使用年限	实际使用年限	支付清理费	收回变价收入
锅炉	台	1	85 000	74 000	11 000	20	18	6 030	9 000
建造单位	建造年份	出厂							
工程锅炉	1986			申请报废原因：					

滨江市机械公司 业务专用章

金华机床有限责任公司 业务专用章

调出单位公章：　主管人：　调入单位公章：　主管人：

42.2

滨江市增值税专用发票

No.008251

发票联

全国统一发票监制章 税务局监制

开票日期：2016年12月10日

购货单位	名称：物资回收公司 纳税人登记号：621008546372915 地址、电话：振兴街85号 开户行及账号：中国工商银行永丰办事处4533311					
商品或劳务名称	计量单位	数量	单价	金额	税率	税额
废旧材料				9 000.00	17%	1 530.00
合计				¥9 000.00		¥1 530.00
合计（大写）	⊗壹万零仟伍佰叁拾零元零角零分 ¥：10 530.00					
销货单位	名称：金华机床有限责任公司 纳税人登记号：453122890636288 地址、电话：滨江市兴安区锦江路85号 开户行及账号：中国工商银行兴安办事处83852674					

收款人：陈晓艺　　开票单位：（未盖章无效）

金华机床有限责任公司 发票专用章

第四联 记账联 销货方记账凭证

42.3

中国工商银行进账单（回单或收账通知） 1

第 号

收款人	全称	金华机床有限责任公司	付款人	全称	物资回收公司
	账号	83852674		账号	2006151
	开户银行	中国工商银行兴安办事处		开户银行	中国工商银行永丰办事处
人民币（大写）	：壹万零伍佰叁拾元整				千百十万千百十元角分：¥1053000
票据种类					
票据张数					
单位主管 会计 复核 记账					收款人开户行盖章

中国工商银行滨江市兴安办事处 2016.12.10 转讫

此联是收款人开户行交给收款人的回单或收账通知

42.4

滨江市服务业统一发票

发票联

客户名称：金华机床有限责任公司　　　　2016年12月31日　　　　No.000721

服务项目	金　额	备注
设备报废清理	6 030.00	
合计金额	¥6030.00（大写：陆仟零叁拾元整）	
收款单位	名　称：滨江市劳动服务公司 开户银行：工商行滨江市营业部 账　户：231700	

②报销凭证

开票人：　　　　开票单位：（盖章有效）

滨江市劳动服务公司 发票专用章

42.5

中国工商银行转账支票存根

支票号码 No.3789631

科　　目______________

对方科目______________

签发日期 2016年12月10日

收款人：劳动服务公司
金额：¥6 030.00
用途：清理费
备注：

单位主管　　　　会计

复　核　　　　记账

43.1

固定资产验收单

投出单位：市机床附件厂

投入单位：金华机床有限责任公司　　　　2016 年 12 月 11 日　　　　转移单号：00841

转移原因	联营投资				税金：	评估价值：36 000.00		
名称	型号	单位	数量	预计使用年限	已使用年限	原值	已提折旧	净值
万能铣床		台	1	18	3	45 000	7 500	37 500
调出单位					调入单位			
财务科长：					财务科长：王　涛			
设备科长：					设备科长：赵子力			

43.2

江城会计师事务所文件

滨江〔2016〕字第 201 号

★

资产评估报告

金华机床有限责任公司：

我所受贵单位的委托，依据《中华人民共和国国有资产评估办法》《中华人民共和国注册会计师法》和《工业企业会计制度》等规定，对贵公司接收市机床附件厂投入的万能铣床 1 台进行评估。原始价值 45 000 元，已提折旧 7 500 元，固定资产按净值评估确定价值为 37 500 元。

评估员：王　军　　　　　　　　　　江城会计师事务所

中国注册会计师：张凡立　　　　　　2016 年 12 月 11 日

43.3

滨江市增值税专用发票

发票联

2101157897 No：015200589

开票日期：2016 年 12 月 11 日

购货单位	名称：金华机床有限责任公司 纳税人识别号：453122090636288 地址、电话：滨江市兴安区锦江路 85 号 开户行及账号：中国工商银行兴安办事处 83852674					密码区	（略）
货物或应税劳务名称	规格型号	单位	数量	单价	金额	税率	税额
万能铣床		台	1	36 000.00	36 000.00	2%	720.00
合计					¥36 000.00		¥720
价税合计（大写）	⊗叁万陆仟柒佰贰拾元整				（小写） ¥36 720.00		
销货单位	名称：滨江市机床附件厂 纳税人识别号：19421145677853 地址、电话：滨江市北区 225 号 0415-4155452 开户行及账号：中国工商银行泉涌支行 1977645639					备注	滨江市机床附件厂 179421145677853 发票专用章

收款人：王 红 复核：张 波 开票人：李 平 销货单位：（章）

第二联 发票联 购货方记账凭证

44.1

中国工商银行电汇凭证（回单）

委托日期：2016 年 12 月 11 日　　　　第　号

汇款人	全　称	金华机床有限责任公司		收款人	全　称	上海钢铁厂
	账　号 或地址	83852674			账　号 或地址	72100546
	汇　出 地　点	辽宁省滨江 市/县	汇出行名称：兴安办事处		汇　入 地　点	上海 市/县 　汇入行名称：浦口办事处
金额	人民币（大写）	：贰拾捌万陆仟元整			千百十万千百十元角分	¥ 2 8 6 0 0 0 0 0
汇款用途：偿还货款 上述款项已根据委托办理，如需查询，请持此回单来行面洽。 2016 年 12 月 11 日					汇出行盖章	

中国工商银行滨江市兴安办事处 2016.12.11 转讫

单位主管　　　　会计　　　　复核　　　　记账

此联是汇出银行给汇款人的回单

44.2

中国工商银行滨江市分行邮、电、手续费收费凭证（借方凭证）①

2016 年 12 月 11 日　　　　第　号

缴款人名称：金华机床有限责任公司		信（电）汇 1 笔　汇票　笔　其他　笔	
账号：中国工商银行兴安办事处 83852674		异托、委托 1 笔　支票　笔本　专用托收　笔	

邮费金额					电报费金额					手续费金额					合计金额					科目（借） 对方科目
百	十	元	角	分	百	十	元	角	分	百	十	元	角	分	百	十	元	角	分	
		4	2	0												¥	4	2	0	复核　记账 复票　制票

合计金额	人民币（大写）	肆元贰角整

中国工商银行滨江市兴安办事处 2016.12.11 转讫

45.1

滨江市增值税专用发票

No.083302

开票日期：2016年12月12日

购货单位	名　　称：顺达企业集团 纳税人登记号：862514110864675 地址、电话：青年大街28号 开户行及账号：中国工商银行广源办事处8421161					
商品或劳务名称	计量单位	数量	单价	金　额	税率	税　额
刻模铣床	台	5	22 500	112 500.00	17%	19 125.00
合　计				¥112 500.00		¥19 125.00
合计（大写）	⊗壹拾叁万壹仟陆佰贰拾伍元零角零分			¥：131 625.00		
销货单位	名　　称：金华机床有限责任公司 纳税人登记号：453122890636288 地址、电话：锦江路85号 开户行及账号：中国工商银行兴安办事处83852674					

收款人：陈晓艺　　　　开票单位：（未盖章无效）

第四联 记账联 销货方记账凭证

45.2

中国工商银行进账单（回单或收账通知） 1

第　　号

收款人	全　称	金华机床有限责任公司	付款人	全　称	顺达企业公司
	账　号	83852674		账　号	8421161
	开户银行	中国工商银行兴安办事处		开户银行	中国工商银行广源办事处
人民币（大写）	：壹拾叁万壹仟陆佰贰拾伍元整			千百十万千百十元角分	¥13162500
票据种类					
票据张数					
单位主管　会计　复核　记账				收款人开户行盖章	

此联是收款人开户行交给收款人的回单或收账通知

中国工商银行滨江市兴安办事处 2016.12.12 转讫

45.3

滨江市工业企业专用发票

发票联

购货单位（全称）：金华机床有限责任公司　　2016年12月12日　　第0008300号

编号	产品名称（项目）	规格	件数	单位	数量	单价		金额 百	十	万	千	百	十	元	角	分
	包装费		5	台	5	300.00					1	5	0	0	0	0
									¥		1	5	0	0	0	0

人民币合计（大写）	壹仟伍佰元整					
开户银行账号	中国工商银行江前办事处 8261175	结算方式	转账	合同	提货地点	
备注						

第二联　发票联

企业盖章：　　会计：文　明　　复核：　　制单：

滨江市外贸包装厂 发票专用章

45.4

中国工商银行转账支票存根

支票号码 No.3789632

科　　目____________

对方科目____________

签发日期 2016年12月12日

收款人：包装厂
金额：¥1 500.00
用途：付包装费
备注：

单位主管　　会计

复　　核　　记账

46.1

滨江市增值税专用发票

No.083303

此联不作报销、扣税凭证使用

开票日期：2016 年 12 月 13 日

购货单位	名　　称：沈阳机电公司 纳税人登记号：625114621043591 地 址、电 话：黄河大街 100 号 开户行及账号：中国工商银行新华办事处 860015

商品或劳务名称	计量单位	数量	单价	金　额	税率	税　额
普通车床		3	42 300	126 900.00	17%	21 573.00
合　计				¥126 900.00		¥21 573.00
合计（大写）	⊗壹拾肆万捌仟肆佰柒拾叁元零角零分			¥：148 473.00		

销货单位	名　　称：金华机床有限责任公司 纳税人登记号：453122890636288 地 址、电 话：滨江市兴安区锦江路 85 号 开户行及账号：中国工商银行兴安办事处 83852674

（印章：金华机床有限责任公司 发票专用章）

收款人：陈晓艺　　　　开票单位：（未盖章无效）

第四联　记账联　销货方记账凭证

46.2

中国工商银行转账支票存根

支票号码 No.3789633

科　　目 ______________

对方科目 预收账款

签发日期 2016 年 12 月 11 日

收款人：第二货运公司
金额：¥2 500.00
用途：代垫运费
备注：

单位主管　　　会计

复　　核　　　记账

46.3

中国工商银行滨江市分行邮、电、手续费收费凭证（借方凭证）①

2016年12月13日

缴款人名称：金华机床有限责任公司		信（电）汇 1 笔　汇票　笔　其他　笔	
开户银行及账号：中国工商银行兴安办事处 83852674		笔 异托、委托 1 笔　支票　专用托收　笔	

邮费金额					电报费金额					手续费金额					合计金额					
百	十	元	角	分	百	十	元	角	分	百	十	元	角	分	百	十	元	角	分	科目（借）
											1	2	0	0	¥	1	2	0	0	对方科目
合计金额	人民币（大写）	壹拾贰元整																		复核　记账 复票　制票

中国工商银行滨江市兴安办事处 2016.12.13 转讫

46.4

中国工商银行信汇凭证（回单）

委托日期：2016年12月13日　　　　第　　号

汇款人	全　称	金华机床有限责任公司			收款人	全　称	沈阳机电公司	
	账　号或地址	中国工商银行 83852674				账　号或地址	中国工商银行 860015	
	汇　出地　点	省　市县	汇出行名　称	兴安办事处		汇　入地　点	省　市县	汇入行名称　新华办事处
金额	人民币（大写）	：捌仟零贰拾柒元整					千百十万千百十元角分	¥802700
汇款用途：退多余货款 上述款项已根据委托办理，如需查询，请持此回单来行面洽。							汇出行盖章 年　月　日	

此联是汇出银行给汇款人的回单

中国工商银行滨江市分行 业务专用章

单位主管　　　　会计　　　　复核　　　　记账

（注：退预收货款）

47

中国工商银行现金支票存根

支票号码 No.7472627

科　　目______________

对方科目　银行存款

签发日期　2016 年 12 月 13 日

收款人：
金额：¥7 000.00
用途：零用
备注：

单位主管　高 林　　会计 王 力

复　　核 刘 威　　记账 陈晓艺

48.1

债务重组协议

甲方（债权方）：宏达轴承厂

乙方（债务方）：金华机床有限责任公司

2014 年 3 月乙方购甲方材料欠货款 549 000 元，由于双方因价格问题产生分歧，乙方货款一直未能支付。现经双方多次协调，达成新的付款协议，乙方以 500 000 元清偿前欠甲方的货款。

本协议自双方签章开始生效。

甲方：宏达轴承厂　　　　乙方：金华机床有限责任公司

法人代表：李明　　　　法人代表：马大海

2016 年 12 月　日　　　　2016 年 12 月　日

48.2

中国工商银行电汇凭证（回单） 1

委托日期：2016年12月14日　　　　第　号

汇款人	全　称	金华机床有限责任公司			收款人	全　称	宏达轴承厂		
	账　号 或地址	83852674				账　号 或地址			
	汇　出 地　点	滨江 市/县	汇出行 名　称	工商行兴安办事处		汇　入 地　点	大连 市/县	汇入行 名　称	工商行站前办事处

金额	人民币（大写）：伍拾万零仟零佰零元零角零分	千	百	十	万	千	百	十	元	角	分
			¥	5	0	0	0	0	0	0	0
汇款用途：		汇出行盖章									

此联是汇出银行给汇款人的回单

上述款项已根据委托办理，如需查询，请持此回单来行面洽。

单位主管　　会计　　复核　　记账

中国工商银行兴安办事处 业务专用章

2016年12月14日

49

技术员张涛外出学习回来，补领半年工资3 000.00元。

现金付讫

财务科长：高　林

2016.12.14

50.1

滨江市技术贸易专用发票

发票联

全国统一发票监制章 税务局监制

付款单位（人）：小型机车厂　　开票日期：2016年12月14日　　No.000773

合同项目												
合同类别	合同登记号	支付方式	技术交易额	合同成交额								
				百	十	万	千	百	十	元	角	分
专有技术					¥	3	5	0	0	0	0	0
合计金额（大写）	⊗叁万伍仟零佰零拾零元零角零分											

②报销凭证

金华机床有限责任公司 发票专用章

收款单位：（盖章有效）　　收款人：陈晓艺　　复核人：　　制票人：

50.2

中国工商银行进账单（回单或收账通知） 1

第 100 号

收款人	全称	金华机床有限责任公司	付款人	全称	市小型机车厂
	账号	83852674		账号	7104621
	开户银行	中国工商银行兴安办事处		开户银行	中国工商银行元丰办事处

人民币（大写）：叁万伍仟元整	千	百	十	万	千	百	十	元	角	分
			¥	3	5	0	0	0	0	0

票据种类		中国工商银行滨江市兴安办事处 2016.12.14 转讫
票据张数		
单位主管 会计 复核 记账		收款人开户行盖章

此联是收款人开户行交给收款人的回单或收账通知

51

中国工商银行进账单（回单或收账通知） 1

第 150 号

收款人	全称	金华机床有限责任公司	付款人	全称	市机床经销公司
	账号	83852674		账号	2154116
	开户银行	中国工商银行兴安办事处		开户银行	中国工商银行沿江办事处

人民币（大写）：壹拾万元整	千	百	十	万	千	百	十	元	角	分
		¥	1	0	0	0	0	0	0	0

票据种类		中国工商银行滨江市兴安办事处 2016.12.15 转讫
票据张数		
单位主管 会计 复核 记账		收款人开户行盖章

此联是收款人开户行交给收款人的回单或收账通知

52.1

锅炉改造工程决算书

竣工日期：2016 年 12 月 15 日　　No.195

工程项目	铸造车间锅炉改造	施工方式	出包工程
预算价	87 000.00	决算价	87 000.00
累计已付金额：78 390（含税）			
决算应付金额：101 790（含税）			

总工程师：　　总会计师：

金华机床有限责任公司 财务专用章

52.2

项目竣工验收单

批准文号 46101　　　　　　　　　　填报日期：2016 年 12 月 15 日

项目	名称	铸造车间锅炉	金额	批准	80 000	日期	批准	2016 年 10 月
	性质	改造		实际	87 000		完成	2016 年 12 月

五种定额	名称 情况	修理工时费用	停歇时间	清洗用油	费用	材料消耗费						
						钢	铜	材料	水泥	五金	备品	其他
	计划	3 000				4 000		9 000	84 000			
	实际	3 000				4 000		9 800	70 200			

验收意见	经验查，质量达到原设计要求，同意交付使用。			
验收人员	使用部门	王军辉	安全员	李　新
	厂　部	闻　文	财务科	高　林

主管：宋　发　　　　　　　　经办人：陈　军

滨江市锅炉制造厂 业务专用章

52.3

滨江市增值税专用发票

发票联

开票日期：2016 年 12 月 16 日　　　　　　　　　　No.083304

购货单位	名　　称：金华机床有限责任公司 纳税人登记号：453122890635288 地 址、电 话：滨江市兴安区锦江路 85 号 开户行及账号：中国工商银行兴安办事处 83852674						
商品或劳务名称	计量单位	数量	单价	金　额	税率	税　额	
锅炉改造				20 000.00	17%	3400.00	
合　计				¥20 000.00		¥3 400.00	
价税合计（大写）	⊗贰万叁仟肆佰元整			¥：23 400.00			
销货单位	名　　称：滨江市锅炉制造厂 纳税人登记号：181510004346921 地 址、电 话：珍珠街 3 号 开户行及账号：中国工商银行前江办事处 4535161						

第二联　发票联　购货方记账凭证

收款人：方　辉　　　　　　　　　　开票单位：（未盖章无效）

滨江市锅炉制造厂 发票专用章

52.4

中国工商银行转账支票存根

支票号码 No.3789634

科　　目＿＿＿＿＿＿

对方科目＿＿＿＿＿＿

签发日期　2016 年 12 月 15 日

收款人：市锅炉制造厂
金额：¥23 400.00
用途：锅炉改造费
备注：

单位主管　　　　会计

复　　核　　　　记账

53.1

企业社会保险缴费征缴通知单

收款日期：2016 年 12 月 15 日　　　　单位：人、元

单位全称	金华机床有限责任公司			在职人数	
税务登记号	453122890635288				
社保登记证编号	21060102579	单位电脑编号	2015601002478		
缴费方式	缴费征收	保险费所属年月	2016 年 12 月	税款限缴期	
项目	缴费人数	缴费基数	缴费比例	应缴金额	
缴费				51 900.00	
利息					
滞纳金					
其他					
缴费总计（大写）	伍万壹仟玖佰元整		缴费总计（小写）	51 900.00	
滨江市社会保险事业管理局（章）			审核经办人：张　宏		

第三联　缴款单位留存

滨江市社会保险事业管理局 财务专用章

53.2

中华人民共和国
税收缴款书

隶属关系：区级　　　　（2016）3675249 号

征收机关：滨江市地税局第二税务所

注册类型：有限责任公司　　填制日期：2016 年 12 月 15 日

缴款单位	代码	21060102579	预算科目	编码	1002
	全称	金华机床有限责任公司		名称	地
	开户银行	工商银行兴安支行		级次	市级 40%，区级 60%
	账号	8352674		收缴国库	

税款所属时间：2016 年 12 月 1 日至 2016 年 12 月 31 日　税款限缴日期：2016 年 12 月 31 日

品目名称	课税数量	计税金额或销售收入	税率或单位税额	已缴或扣除额	实缴金额
个人养老保险					51 900.00
金额合计	（大写）人民币：伍万壹仟玖佰元整		¥51900.00		

缴款单位（盖章） 经办人（章）	税务机关（盖章） 填票人（章）	上列款项已收妥并划转国库（盖章） 2016 年 12 月 15 日	备注：

中国工商银行 兴安支行 2016.12.15 转讫

第一联 缴款单位作完税凭证

逾期不缴按税法规定加收滞纳金

54.1

滨江市增值税专用发票

发票联

开票日期：2016 年 12 月 16 日　　No.083304

购货单位	名　　称：金华机床有限责任公司 纳税人登记号：453122890635288 地 址、电 话：锦江路 85 号 开户行及账号：中国工商银行兴安办事处 83852674						
商品或劳务名称	计量单位	数量	单价	金　额	税率	税　额	
包装箱	个	70	380	26 600.00	17%	4 522.00	
合　计				¥26 600.00		¥4 522.00	
价税合计（大写）	⊗叁万壹仟壹佰贰拾贰元零角零分			¥：31 122.00			
销货单位	名　　称：市木器厂 纳税人登记号：181510004346921 地 址、电 话：珍珠街 3 号 开户行及账号：中国工商银行前江办事处 4535161						

滨江木器厂 发票专用章

第二联 发票联 购货方记账凭证

收款人：方　辉　　开票单位：（未盖章无效）

54.2

中国工商银行转账支票存根

支票号码 No.3789636

科　　目____________

对方科目____________

签发日期 2016 年 12 月 16 日

收款人：滨江木器厂
金额：¥31 122.00
用途：付货款
备注：

单位主管　　　　会计

复　　核　　　　记账

55.1

滨江市技术贸易专用发票　　　　No.000662

发　票　联

付款单位（人）：金华机床有限责任公司　　　　开票日期：2016 年 12 月 16 日

合同项目	刻模铣床改造专利											
合同类别	合同登记号	支付方式	技术交易额	合同成交额								
				百	十	万	千	百	十	元	角	分
技术类	00810	转账			¥	2	8	0	0	0	0	0
合计金额（大写）	⊗贰万捌仟零佰零拾零元零角零分											

②报销凭证

（印章：全国统一发票监制章　滨江市税务局监制；滨江市机床研究所　发票专用章）

收款单位：（盖章有效）　　收款人：张力华　　复核人：　　制票人：

55.2

中国工商银行转账支票存根

支票号码 No.3789637

科　　目____________

对方科目____________

签发日期 2016 年 12 月 16 日

收款人：滨江市机械研究所
金额：¥28 000
用途：购买专利
备注：

单位主管　　　　会计

复　　核　　　　记账

56.1

短期借款申请书

2016年11月5日

企业名称	金华机床有限责任公司	法人代表	马大海	企业性质	有限责任
地　址	滨江市兴安区锦江路85号	财务负责人	高　林	联系电话	
经营范围	生产各种机床	主管部门	机械公司		
借款期限	自2016年12月15日至2017年12月15日止		申请金额	400 000元	
主要用途及效益说明：由于设备陈旧，生产效率低，申请技术改造贷款。					
申请单位财务章：		信贷员意见：			
财务部门负责人：高　林　经办人：		银行主管领导：王军威		业务部门负责人：李　军	

金华机床有限责任公司 财务专用章

中国工商银行滨江分行 业务专用章

56.2

中国工商银行（短期贷款）借款凭证（回　单）　③

单位编号：4255　　　日期：2016年12月16日　　　银行编号：

收款单位	名　称	金华机床有限责任公司	付款单位	名　称	同　左
	往来户账号	83852674		往来户账号	45003115
	开户银行	中国工商银行兴安办事处		开户银行	同　左

借款期限（最后还款日）	2017年12月15日	利率10%	起息日期	2016年12月15日

借款申请金额	人民币（大写）：肆拾万元整	千	百	十	万	千	百	十	元	角	分
			¥	4	0	0	0	0	0	0	0

借款原因及用途	技术改造	银行核定金额	千	百	十	万	千	百	十	元	角	分
				¥	4	0	0	0	0	0	0	0

备注：

中国工商银行滨江市兴安办事处 2016.12.16 转讫

期限	计划还款日期	计划还款金额

以上借款业已同意贷给，并转入你单位往来账户，借款到期时应按期归还。　此致

借款单位：

（银行盖章）　　2016年12月15日

57

收　据

附件　张　　　　2016年12月18日　　　　第150号

交款单位	行政科	交款人	尚　文
交　来	备用金		
人民币（大写）	（现金收讫）	¥:	1400.00
收款单位:	会计主管人: 高　林	收款人:	陈晓艺

58

中国工商银行兴安分行现金交款单（回　单）③

2016年12月18日　　　　No.0152481

款项来源	备用金	收款单位	全　称	金华机床有限责任公司
解款部门	行政科		账　号	83852674
人民币（大写）：壹仟壹佰肆拾元整			十万千百十元角分	¥1 1 4 0 0 0

种类	张 数	种类	张 数	种类	张 数	种类	张 数	
一百元	10	五元		五角		五分		（银行盖章）
五十元	2	二元		二角		二分		收款:
十元	4	一元		一角		一分		复核:

中国工商银行滨江市兴安办事处 2016.12.18 转讫

此联由银行盖章退回单位

59.1

滨江市增值税专用发票

全国统一发票监制章 税务局监制　发票联

2101154589　　　　No.015200489

开票日期：2016年12月18日

购货单位	名　　称：金华机床有限责任公司 纳税人识别号：435122890635288 地址、电话：滨江市兴安区锦江路85号 开户行及账号：中国工商银行兴安办事处83852674			密码区	（略）		
货物或应税劳务名称	规格型号	单位	数量	单价	金额	税率	税额
水		m^3	7 000	0.7	4 900.00	6%	294.00
合　计							
价税合计（大写）	⊗伍仟壹佰玖拾肆元整					（小写）	¥5 194.00
销货单位	名　　称：滨江市自来水公司 纳税人识别号：179421145647896 地址、电话：滨江市开发区25号0415-4154782 开户行及账号：中国工商银行中山支行1977645159			备注	滨江市自来水公司 17942114567896 发票专用章		

收款人：王　路　　复核：刘丽红　　开票人：黄利　　销货单位：（章）

第一联　缴款单位作完税凭证

59.2

用 水 量 记 录

2016 年 12 月 18 日

使用部门	单价/（元/ m^3）	用水量/m^3	金　额
铸造车间	0.70	1 500	
机加工车间	0.70	1 100	
装配车间	0.70	800	
机修车间	0.70	500	
配电车间	0.70	670	
厂　部	0.70	2 430	
合　计		7 000	

记录员：周　杰

59.3

中国工商银行转账支票存根

支票号码 No.3789638

科　　目____________

对方科目____________

签发日期 2016 年 12 月 18 日

收款人：自来水公司
金额：¥5 194.00
用途：付水费
备注：

单位主管　　　　会计

复　　核　　　　记账

60.1

委托收款凭证（付款通知） 5

委托号码：第 8251 号

委邮

委托日期：2016 年 12 月 25 日　　付款期限　　年　　月　　日

<table>
<tr><td rowspan="3">付款人</td><td>全　称</td><td>金华机床有限责任公司</td><td rowspan="3">收款人</td><td>全　称</td><td colspan="2">市电业局供电公司</td></tr>
<tr><td>账号或地址</td><td>83852674</td><td>账　号</td><td colspan="2">2600541</td></tr>
<tr><td>开户银行</td><td>中国工商银行兴安办事处</td><td>开户银行</td><td>中国工商银行永丰办事处</td><td>行号</td></tr>
<tr><td>委收金额</td><td>人民币（大写）</td><td colspan="3">陆仟贰佰元整</td><td colspan="2">千 百 十 万 千 百 十 元 角 分
¥ 6 2 0 0 0 0</td></tr>
<tr><td>款项金额</td><td>电信费</td><td>委托收款凭据名称</td><td></td><td>附寄单证张数</td><td colspan="2"></td></tr>
<tr><td>备注：</td><td colspan="2">中国工商银行滨江市
兴安办事处
2016. 12. 25
结算专用章</td><td colspan="4">付款单位注意：
1．根据结算办法，上列委托收款，如在付款期限内未拒付时，即视为同意全部付款，以此联代付款通知。
2．如需提前付款或多付款时，应另写书面通知送银行办理。
3．如系全部或部分拒付，应在付款期限内另填写拒付款理由书送银行办理。</td></tr>
</table>

此联是付款单位开户银行通知付款单位按期付

单位主管：　　会计：　　复核：　　记账：　　付款单位开户行盖章　　12 月 25 日

60.2

滨江市增值税专用发票

No.083305

开票日期：2016年12月25日

购货单位	名　　称：金华机床有限责任公司 纳税人登记号：453122890635288 地 址、电 话：滨江市兴安区锦江路85号 开户行及账号：中国工商银行兴安办事处83852674					
商品或劳务名称	计量单位	数量	单价	金 额	税率	税 额
动力				5 849.06	6%	350.94
合计				¥5 849.06		¥350.94
价税合计（大写）	⊗陆仟贰佰元整					¥：6 200.00
销货单位	名　　称：滨江市邮电局 纳税人登记号：462100571516005 地 址、电 话：开新街100号 开户行及账号：中国工商银行滨江市营业部231720					

第二联 记账联 销货方记账凭证

收款人：赵晓华　　　开票单位：（未盖章无效）

（印章：滨江市邮电局 发票专用章）

61.1

收　料　单

2016年12月20日　　　编号：12001

材料编号	材料名称	规格	材质	单位	数量 发货票	数量 实收	实际单价	材料金额	运杂费	合计（材料实际成本）
15405	圆钢	CrΦ55	优	吨	25	25	3 100.00	77 500.00	4 504.50	82 004.50
供货单位	鞍山钢铁公司		结算方法		转账	合同号	425		计划单价	材料/计划成本
备　注									3 000.00	75 000

④验收报销用

主管：史前方　质量检验员：李斯　仓库验收：宋波　经办人：赵军

61.2

收　料　单

2016年12月20日　　　编号：12002

材料编号	材料名称	规格	材质	单位	数量 发货票	数量 实收	实际单价	材料金额	运杂费	合计（材料实际成本）
15405	圆钢	CrΦ55	优	吨	5	5	3 200.00	16 000.00	1 351.35	17 351.35
供货单位	本溪钢铁公司		结算方法		转账	合同号	450		计划单价	材料/计划成本
备　注									3 000.00	15 000

④验收报销用

主管：史前方　质量检验员：李斯　仓库验收：宋波　经办人：赵军

61.3

收 料 单

2016年12月20日 编号：12003

材料编号	材料名称	规格	材质	单位	数量		实际单价	材料金额	运杂费	合计（材料实际成本）
					发货票	实收				
20011 20012	劳动 保护品	劳保鞋 耐热手套		双 副	50 10	50 10	32.50 4.50	1 625 45		1 670
供货单位	市劳保用品商店			结算方法		转账支票	合同号		计划单价	材料/计划成本
备 注									30.00 4.50	1 500 45

④验收报销用

主管：史前方 质量检验员：李 斯 仓库验收：宋 波 经办人：赵 军

61.4

收 料 单

2016年12月20日 编号：12004

材料编号	材料名称	规格	材质	单位	数量		实际单价	材料金额	运杂费	合计（材料实际成本）
					发货票	实收				
16 001	润滑油			千克	100	100	3.80	380		380
供货单位	市物资公司			结算方法		转账支票	合同号		计划单价	材料/计划成本
备 注									3.90	390

④验收报销用

主管：史前方 质量检验员：李 斯 仓库验收：宋 波 经办人：赵 军

61.5

收 料 单

2016年12月20日 编号：12005

材料编号	材料名称	规格	材质	单位	数量		实际单价	材料金额	运杂费	合计（材料实际成本）
					发货票	实收				
15002	轴承	D318		套	100	100	335.00	33 500	2 702.70	36 202.70
供货单位	哈尔滨轴承厂		结算方法			转账	合同号	0411	计划单价	材料/计划成本
备 注									350.00	35 000

④验收报销用

主管：史前方 质量检验员：李 斯 仓库验收：王 刚 经办人：陈 卫

61.6

收 料 单

2016年12月20日　　编号：12006

材料编号	材料名称	规格	材质	单位	数量		实际单价	材料金额	运杂费	合计（材料实际成本）
					发货票	实收				
12106	煤			吨	30	30	170.00	5 100	720.72	5 820.72
供货单位	抚顺煤矿		结算方法		转账		合同号	125	计划单价	材料/计划成本
备注									180.00	5 400

④验收报销用

主管：史前方　　质量检验员：李　斯　　仓库验收：张涛江　　经办人：赵　军

61.7

收 料 单

2016年12月20日　　编号：12007

材料编号	材料名称	规格	材质	单位	数量		实际单价	材料金额	运杂费	合计（材料实际成本）
					发货票	实收				
18002	包装箱			个	70	70	380.00	26 600		26 600
供货单位				结算方法			合同号		计划单价	材料/计划成本
备注									400.00	28 000

④验收报销用

主管：史前方　　质量检验员：李　斯　　仓库验收：张涛江　　经办人：刘力光

61.8

收 料 凭 证 汇 总

2016年12月20日

材料名称	原料及主要材料		燃料		辅助材料		外购半成品		低值易耗品		包装物		合计	
	计划成本	实际成本	计划成本	实际成本	计划成本	实际成本	计划成本	实际成本	计划成本	实际成本	计划成本	实际成本	计划成本	实际成本
合计														
差异额														

62

固定资产交接单

2016 年 12 月 19 日

移交单位	大连起重机厂	接收单位	金华机床有限责任公司
固定资产名称	起重机	规　格	
技术特征			
附属			
建造单位	大连起重机厂	出厂或建成年月	2016 年 1[illegible]月 28 日
安装单位	大连起重机厂	安装完工年月	2016 年 12 月 19 日
原值	29 970.09	其中：安装费	1 470.09
税金	5 094.91		
移交单位负责人	郭守林	接收单位负责人	宋华文

63.1

固定资产清理报废单

2016 年 12 月 20 日　　签发　　　　　　编号：

名称及型号	单位	数量	原始价值	已提折旧	净值	预计使用年限	实际使用年限	支付清理费	收回变价收入
主管部门：滨江市机械公司				使用单位：金华机床有限责任公司					
钻床	台	[illegible]	87 000	80 000	7 000	20	18	15 500	5 400
建造单位	建造年份		出厂号	申请报废原因：					
黄石锻压机床厂	1971 年		8462	已到使用年限					

调出单位公章：　　　　主管人：　　　　调入单位公章：　　　　主管人：

（注：此项业务上月已支付清理费 12 500 元）

63.2

滨江市增值税专用发票

发　票　联

开票日期：2016 年 12 月 19 日　　　　No.008251

购货单位	名　称：物资回收公司 纳税人登记号：621008546372915 地 址、电 话：振兴街 85 号 开户行及账号：永丰办事处 4533311					
商品或劳务名称	计量单位	数量	单价	金　额	税率	税　额
废旧材料				4 615.38	17%	784.62
合　计				¥4 615.38		¥784.62
合计（大写）	⊗佰⊗拾⊗万伍仟肆佰元整					¥：5 400.00
销货单位	名　称：金华机床有限责任公司 纳税人登记号：453122890636288 地 址、电 话：锦江路 85 号 开户行及账号：中国工商银行兴安办事处 83852674					

第四联　记账联　销货方记账凭证

收款人：陈晓艺　　　　开票单位：（未盖章无效）

63.3

中国工商银行进账单（回单或收账通知）　1

第　号

收款人	全　称	金华机床有限责任公司	付款人	全　称	物资回收公司
	账　号	83852674		账　号	4210056
	开户银行	中国工商银行兴安办事处		开户银行	中国工商银行永丰办事处
人民币（大写）：伍仟肆佰元整				千 百 十 万 千 百 十 元 角 分	¥ 5 4 0 0 0 0
票据种类			收款人开户行盖章		
票据张数					
单位主管　会计　复核　记账					

此联是收款人开户行交给收款人的回单或收账通知

中国工商银行滨江市兴安办事处 2016.12.19 转讫

63.4

滨江市服务业统一发票 发票联

全国统一发票监制章 滨江市税务局监制

客户名称：金华机床有限公司　　2016年12月31日　　No.000721

服务项目	金　额	备注
资产报废清理	3 000.00	清理费共计15 500元 上月已付12 500元
合计金额	¥3 000（大写：叁仟元整）	
收款单位	名　称：滨江市劳动服务公司 开户银行：中国工商行滨江市营业部 账　户：83853684	

②报销凭证

开票人：　　开票单位：（盖章有效）

滨江市劳动服务公司 发票专用章

63.5

中国工商银行转账支票存根

支票号码 No.3789639

科　目＿＿＿＿＿＿

对方科目＿＿＿＿＿＿

签发日期 2016年12月20日

收款人：劳动服务公司
金额：¥3 000.00
用途：清理费
备注：

单位主管　　会计

复　核　　记账

64

领料单汇总表

开票日期：2016年12月18日

领料部门	用途	材料编号	材料名称	规格	单位	数量	计划价格	
							单价	金额
铸造车间	普通车床	11001	生铁		吨	5	2 300	11 500
		12105	焦炭		吨	5	470	2 350
		12106	煤		吨	5	180	900
	合计							14 750
机加车间	普通车床	15405	圆钢		吨	7.5	3 000	22 500
	合计							22 500
	刻模铣床	15405	圆钢		吨	5.5	3 000	16 500
		16001	润滑油		千克	10	3.9	39
	合计							16 539
装配车间	普通车床	44010	专用工具		把	2 000	45	90 000
		13114	电机	Y123M	台	70	1 440	100 800
		13115	电机	AOB-25	台	300	260	78 000
		15002	轴承	D318	套	200	350	70 000
		15003	轴承	D462	套	300	138	41 400
		17001	标准件		个	450	20.5	9 225
		16001	润滑油		千克	50	3.9	195
		18001	油漆		千克	800	10	8 000
		18002	包装箱		个	50	400	20 000
	合计							417 620
	刻模铣床	44010	专用工具		把	300	45	13 500
		13114	电机	Y123M	台	10	1 440	14 400
		13115	电机	AOB-25	台	50	260	13 000
		15002	轴承	D318	套	20	350	7 000
		15003	轴承	D462	套	50	138	6 900
		16001	标准件		个	160	20.5	3 280
		17001	润滑油		千克	40	3.9	156
		18001	油漆		千克	200	10	2 000
		18002	包装箱		个	20	400	8 000
	合计							68 236
机修车间	维修	25001	专用工具	低耗品	把	50	45	2 250
		17001	标准件	外购半成品	个	50	20.5	1 025
		16001	润滑油		千克	30	3.9	117
	合计							3 392

附：领料单28张（略）

65.1

增值税专用发票

（全国统一发票监制章　税务局监制）

3200013140　　　　此联不作报销、扣税凭证使用　　　　No.02405994

开票日期：2016 年 12 月 20 日

购货单位	名　　称：长春汽车备件有限公司 纳税人识别号：846291357619011 地 址、电 话：长春市四平区三里路 10 号 开户行及账号：建行四平街办事处 291808	密码区	（略）

货物或应税劳务名称	规格型号	单位	数量	单　价	金　额	税 率	税　额
普通车床		台	20	42 300.00	846 000.00	17%	143 820.00
刻模铣车		台	10	28 000.00	280 000.00	17%	47 600.00
合　计					1 126 000.00		191 420.00
价税合计（大写）	壹佰叁拾壹万柒仟肆佰贰拾元整				（小写）1 317 420.00		

销货单位	名　　称：金华机床有限责任公司 纳税人识别号：453122890635288 地 址、电 话：滨江市兴安区锦江路 85 号 开户行及账号：中国工商银行兴安办事处 835852674	备注	

（印章：金华机床有限责任公司　发票专用章）

收款人：陈晓艺　　　　复核：　　　　开票人：　　　　销货单位：（章）

第四联　记账联　销货方记账凭证

65.2

大连市工商银行电汇凭证（收账通知或取款收据）4

委托日期：2016 年 12 月 20 日　　　　第 19267 号

汇款人	全　称	长春汽车备件有限公司		收款人	全　称	金华机床有限责任公司	
	账　号或地址	长春市四平区三里路 10 号 291808			账　号或地址	锦江路 85 号　83852674	
	汇　出地　点	吉林省长春 市	汇出行名称：中国建设银行四平街办事处		汇　入地　点	辽宁省 市 滨江 县	汇入行名称：中国工商银行兴安办事处
金额	人民币（大写）	壹佰叁拾壹万柒仟肆佰贰拾元整				千 百 十 万 千 百 十 元 角 分	¥ 1 3 1 7 4 2 0 0 0
汇款用途：						上列款已照收无误	

（印章：中国工商银行滨江市兴安办事处　2016.12.19　转讫）

上述款项已根据委托办理，如需查询，请持此回单来行面洽。　　　　收款人盖章

（印章：金华机床有限责任公司　财务专用章）

汇出行盖章　　　　年　月　日　　　　年　月　日

此联是收款人的收账通知或代取款收据

66.1

专用收款收据

收款日期：2016 年 12 月 21 日　　　　No.0265388

交款单位（交款人）	财务科	收款单位（领款人）	房产处	收款项目	房租款									
人民币（大写）	肆仟伍佰零伍元整			千	百	十	万	千	百	十	元	角	分	结算方式
							¥	4	5	0	5	0	0	
交款事由	职工房租款			经办	部门									
					人员	王　义								
款项照数收讫无误 收款单位财务专用章 （领款人签字）	会计主管	稽　核	出　纳	交款人										
			郝　艳	陈晓艺										

66.2

专用收款收据

收款日期：2016 年 12 月 21 日　　　　No.0265388

交款单位（交款人）	财务科	收款单位（领款人）	托儿所	收款项目										
人民币（大写）	贰仟零肆拾元整			千	百	十	万	千	百	十	元	角	分	结算方式
							¥	2	0	4	0	0	0	
交款事由	职工交托儿费			经办	部门									
					人员									
款项照数收讫无误 收款单位财务专用章 （领款人签字）	会计主管	稽　核	出　纳	交款人										
			王新宁	陈晓艺										

66.3

中国工商银行转账支票存根

支票号码 No.3789640

科　　目____________

对方科目____________

签发日期 2016 年 12 月 21 日

收款人：房产处
金额：¥4 505.00
用途：付房租
备注：

单位主管　　　　会计

复　　核　　　　记账

66.4

中国工商银行转账支票

支票号码 No.3789641

科　目＿＿＿＿＿＿

对方科目＿＿＿＿＿＿

签发日期 2016 年 12 月 21 日

收款人：托儿所
金额：¥2040.00
用途：付托儿费
备注：

单位主管　　　　会计

复　核　　　　记账

67.1

专用收款收据

收款日期：2016 年 12 月 21 日　　　　No.0010653

交款单位（交款人）	金华机床有限责任公司	收款单位（领款人）	融资公司	收款项目										
人民币（大写）	壹万壹仟元整	千	百	十	万	千	百	十	元	角	分	结算方式		
				¥	1	1	0	0	0	0	0			
交款事由	租赁设备款	经办	部门		人员									
款项照数收讫无误 收款单位财务专用章 （领款人签字）	会计主管	稽　核	出　纳	交款人										
	赵　岩		刘　君											

滨江市融资公司
发票专用章

67.2

中国工商银行转账支票存根

支票号码 No.3789642

科　目＿＿＿＿＿＿

对方科目＿＿＿＿＿＿

签发日期 2016 年 12 月 21 日

收款人：滨江市融资公司
金额：¥1 1000
用途：付租赁费
备注：

单位主管　　　　会计

复　核　　　　记账

68.1

专用收款收据

收款日期：2016 年 12 月 22 日　　　　No.1258885

交款单位（交款人）	金华机床有限责任公司	收款单位（领款人）	市机床经销公司	收款项目	
人民币（大写）	贰仟伍佰元整		千 百 十 万 千 百 十 元 角 分 ¥ 2 5 0 0 0 0	结算方式 转账	
交款事由	返还包装物押金		经办	部门	
				人员	
款项照数收讫无误 收款单位财务专用章 （领款人签字）		会计主管	稽　核	出　纳 赵丽萍	交款人

滨江市机床经销公司 财务专用章

68.2

中国工商银行转账支票存根

支票号码　No.3789643

科　　目____________

对方科目____________

签发日期 2016 年 12 月 20 日

收款人：市机床经销公司
金额：¥2 500.00
用途：返还押金
备注：

单位主管　　　　会计

复　　核　　　　记账

69

公出差旅费报销单

所属单位：厂办公室　　　　附件 14 张　2016 年 12 月 22 日

代表姓名	李立峰	同行人印			共 8 人		审批人印	高　林	公出任务	开会	自 12 月 5 日起 至 12 月 20 日止						共 15 天	
出发				到达				合计	火车费	卧铺	市内车费	汽车大车	宿费	其他	途中伙食补助费		住勤费	
月	日	时	地点	月	日	时	地点								天数	金额	天数	金额
12	5		滨江	12	5		北京	4 410	960	160	50		2 600		2	120	13	520
12	10		北京	12	10		青岛	1 660	1 200	330				130				
12	20		青岛	12	20		滨江	1 930	1 280	650								
合　计								8 000	3 440	1 140	50		2 600	130		120		520

原借款	金额	交结余超支金额	报销金额	人民币（大写）：捌仟元整
	9 800.00	1 800.00		

负责人：高　林　　　会计：李娜英　　　出纳：陈小艺　　　经手人：李立峰

70.1

滨江市增值税专用发票

发票联

No.048175

开票日期：2016 年 12 月 23 日

购货单位	名称：金华机床有限责任公司 纳税人登记号：453122890635288 地址、电话：锦江路 85 号 开户行及账号：中国工商银行兴安办事处 83852674			密码区		
商品或劳务名称	计量单位	数量	单价	金额	税率	税额
电表	块	10	45.00	450	17%	76.50
电容器	台	5	1 210.00	6 050	17%	1 028.50
合计				6 500		¥1 105.00
价税合计（大写）	⊗佰⊗拾⊗万柒仟陆佰零拾伍元零角零分			¥：7 605.00		
销货单位	名称：电器商店 纳税人登记号：142004361591629 地址、电话：珍珠街 101 号 开户行及账号：中国工商银行广源办事处 484156					

收款人：姜莉娜　　开票单位：（未盖章无效）

第二联 发票联 购货方记账凭证

70.2

中国工商银行转账支票存根

支票号码 No.3789644

科　　目______________

对方科目______________

签发日期 2016 年 12 月 23 日

收款人：滨江市电器商店
金额：¥7 605.00
用途：付货款
备注：

单位主管　　会计

复　　核　　记账

71.1

滨江市增值税专用发票

发票联

No.015200489

开票日期：2016 年 12 月 23 日

购货单位	名称：金华机床有限责任公司 纳税人识别号：453122890635288 地址、电话：滨江市锦江路 85 号 开户行及账号：中国工商银行兴安办事处 83852674				密码区		
货物或应税劳务名称	规格型号	计量单位	数量	单价	金额	税率	税额
广告					7 075.47	6%	424.53
合计					¥7 075.47		¥424.53
价税合计（大写）	⊗柒仟伍佰元整						（小写）¥7 500.00
销货单位	名称：滨江市电视台 纳税人识别号：179421145647896 地址、电话：滨江市开发区 25 号 4154782 开户行及账号：中国工商银行中山支行 1977645159				备注		

第二联 发票联 购货方记账凭证

71.2

中国工商银行转账支票存根

支票号码　No.3789646

科　　目______________

对方科目______________

签发日期 2016 年 12 月 23 日

收款人：滨江市电视台
金额：¥7 500.00
用途：广告费
备注：

单位主管　　　　会计

复　　核　　　　记账

72.1

滨江市增值税专用发票　　　　No.083305

（全国统一发票监制章 税务局监制）

发　票　联

此联不作报销、扣税凭证使用　　　　开票日期：2016 年 12 月 23 日

购货单位	名　　称：机床附件厂 纳税人登记号：453004001243125 地 址、电 话：山上街 250 号 开户行及账号：中国工商银行山上办事处 281150					
商品或劳务名称	计量单位	数量	单价	金　额	税率	税　额
圆钢	吨	3	3 200	9 720.00	17%	1 652.40
合　计				¥9 720.00		¥1 652.40
价税合计（大写）	⊗壹万壹仟叁佰柒拾贰元肆角零分　　¥：11 372.40					
销货单位	名　　称：金华机床有限责任公司 纳税人登记号：453122890635288 地 址、电 话：滨江市兴安区锦江路 85 号 开户行及账号：中国工商银行兴安办事处 83852674					

第二联　发票联　购货方记账凭证

收款人：姜莉娜　　　　开票单位：（未盖章无效）

（金华机床有限责任公司 发票专用章）

72.2

中国工商银行进账单（回单或收账通知）　1

第　号

收款人	全　称	金华机床有限责任公司	付款人	全　称	机床附件厂
	账　号	83852674		账　号	2811501
	开户银行	中国工商银行兴安办事处		开户银行	中国工商银行山上办事处

人民币（大写）：壹万壹仟叁佰柒拾贰元肆角整	千	百	十	万	千	百	十	元	角	分
			¥	1	1	3	7	2	4	0

票据种类		中国工商银行滨江市兴安办事处 2016.12.24 转讫
票据张数		收款人开户行盖章
单位主管　　会计　　复核　　记账		

此联是收款人开户行交给收款人的回单或收账通知

73

上海证券中央登记结算公司

2016 年 12 月 25 日

941202	成交过户交割凭单		卖
股东编号：	A128463	成交证券：	欧亚股份
电脑编号：	83516	成交数量：	305
公司编号：	731	成交价格：	148.28
申请编号：	255	成交金额：	45 225.4
申报时间：	09:16	标准佣金：	89
成交时间：	12:30	过户费用：	2
上次交割：	2 305（股）	印花税：	134.4
本次成交：	305（股）本	应收金额：	
本次余额：	2 000（股）	附加费用：	
本次库存：		实收金额：	45 000

③通知联

滨江市证券交易所 财务专用章

经办单位：＿＿＿＿　　　　客户签章：金华机床有限责任公司

（与第 6#业务对照，本次卖出股票 305 股与上次余额相同，说明期初余额 30 500 元是出售股票的成本）

74.1

滨江市增值税专用发票

全国统一发票监制章 税务局监制

No.083305

开票日期：2016年12月25日

购货单位	名　　称：金华机床有限责任公司 纳税人登记号：453122890635288 地址、电话：滨江市兴安区锦江路85号 开户行及账号：中国工商银行兴安办事处83852674

商品或劳务名称	计量单位	数量	单价	金额	税率	税额
动力				53 000.00	17%	9 010.00
合计				¥53 000.00		¥9 010.00
价税合计（大写）	⊗陆万贰仟零佰壹拾贰元零角零分			¥：62 010.00		

销货单位	名　　称：市电业局供电公司 纳税人登记号：462100571516005 地址、电话：开新街100号 开户行及账号：中国工商银行永丰办事处

滨江市电业局供电公司 发票专用章

收款人：赵晓华　　　　开票单位：（未盖章无效）

第二联 记账联 销货方记账凭证

74.2

委托收款凭证（付款通知）5

委托号码：第8251号

委邮　　委托日期：2016年12月25日　　付款期限　年　月　日

付款人	全称	金华机床有限责任公司	收款人	全称	市电业局供电公司	
	账号或地址	83852674		账号	2600541	
	开户银行	中国工商银行兴安办事处		开户银行	中国工商银行永丰办事处	行号

委收金额	人民币（大写）	陆万贰仟零壹拾元整	千	百	十	万	千	百	十	元	角	分
					¥	6	2	0	1	0	0	0

款项金额	动力费	委托收款凭据名称		附寄单证张数	

备注：

中国工商银行滨江市兴安办事处
2016.12.25
结算专用章

付款单位注意：

1. 根据结算办法，上列委托收款，如在付款期限内未拒付时，即视为同意全部付款，以此联代付款通知。
2. 如需提前付款或多付款时，应另写书面通知送银行办理。
3. 如系全部或部分拒付，应在付款期限内另填写拒付款理由书送银行办理。

单位主管：　　会计：　　复核：　　记账：　　付款单位开户行盖章　　12月25日

此联是付款单位开户银行通知付款单位按期付款的通知

75

领 料 单

开票日期：2016年12月29日　　　　　　字第　号

<table>
<tr><td rowspan="2">材料编号</td><td rowspan="2">材料名称</td><td rowspan="2">规格</td><td rowspan="2">单位</td><td rowspan="2">请领数量</td><td rowspan="2">实发数量</td><td colspan="2">计划价格</td></tr>
<tr><td>单价</td><td>金额</td></tr>
<tr><td>15405</td><td>圆钢</td><td></td><td>吨</td><td>3</td><td>3</td><td>3 000</td><td>9 000</td></tr>
<tr><td rowspan="3">用　途</td><td rowspan="3">对外销售</td><td colspan="4">领 料 部 门</td><td colspan="2">发料部门</td></tr>
<tr><td colspan="2">负责人</td><td colspan="2">领料人</td><td>核准人</td><td>发料人</td></tr>
<tr><td colspan="2"></td><td colspan="2">金华英</td><td></td><td>宋　波</td></tr>
</table>

②仓库记账后转财会科

76.1

根据我公司与时代电子公司的投资合同规定，分得税后利润40 000元。相关长期股权投资后续计量采用成本法。

财务科长：高　林

2016年12月29日

76.2

中国工商银行进账单（回单或收账通知） 1

第　号

<table>
<tr><td rowspan="3">收款人</td><td>全　称</td><td>金华机床有限责任公司</td><td rowspan="3">付款人</td><td>全　称</td><td colspan="11">时代电子公司</td></tr>
<tr><td>账　号</td><td>83852674</td><td>账　号</td><td colspan="11">2811501</td></tr>
<tr><td>开户银行</td><td>中国工商银行兴安办事处</td><td>开户银行</td><td colspan="11">中国工商银行山上办事处</td></tr>
<tr><td colspan="5" rowspan="2">人民币（大写）：肆万元整</td><td>千</td><td>百</td><td>十</td><td>万</td><td>千</td><td>百</td><td>十</td><td>元</td><td>角</td><td>分</td></tr>
<tr><td></td><td></td><td>¥</td><td>4</td><td>0</td><td>0</td><td>0</td><td>0</td><td>0</td><td>0</td></tr>
<tr><td colspan="2">票据种类</td><td colspan="3"></td><td colspan="10" rowspan="3">收款人开户行盖章</td></tr>
<tr><td colspan="2">票据张数</td><td colspan="3"></td></tr>
<tr><td colspan="5">单位主管　会计　复核　记账</td></tr>
</table>

中国工商银行滨江市兴安办事处
2016.12.29
转讫

此联是收款人开户行交给收款人的回单或收账通知

77.1

产品出库单

2016年12月22日　　凭证编号：11001

用途：自用　　产成品库：一号库

类别	编号	名称及规格	计量单位	数量	单位成本	总成本	附注：
	25001	普通车床	台	2	24 000	48 000	机加工车间用作固定资产使用。 设备科
合　　计							

二 财务存

记账：　　保管：　　检验：　　制单：

77.2

固定资产交接单

2016年12月22日

移交单位	成品库	接收单位	机加工车间
固定资产名称	普通车床	规　格	
技术特征			
附属			
建造单位	金华机床有限责任公司	出厂或建成年月	2016年12月1日
安装单位		安装完工年月	
原值	48 000	其中：安装费	
税金	14 382		
移交单位负责人	高军辉	接收单位负责人	赵　岩

（印章：金华机床有限责任公司 业务专用章）

78.1

中国工商银行转账支票存根

支票号码　No.7472626

科　　目______________

对方科目______________

签发日期2016年12月30日

收款人：工商行兴安办事处
金额：¥277 377
用途：发放工资
备注：

单位主管　　会计

复　　核　　记账

78.2

工资结算汇总表

2016 年 12 月

车间、部门		基本工资	综合奖金	津贴	缺勤工资	应付工资	代扣款项				实发工资	代发款	实发金额
							房租	托儿费	社会保险费	住房公积金		交通补助	
铸造车间	生产工人	58 000	7 200	2 400	1 100	66 500	390	150	6982.5	5 320	55 985	400	54 057.5
	管理人员	2 800	800	500	100	4 000	250	70	420	320	3 080	200	3 140
机加车间	生产工人	71 000	17 000	12 000	1 700	98 300	400	210	10 321.5	7 864	82 945	360	79 864.5
	管理人员	2 700	750	400	350	3 500	310	125	367.5	280	2 540	150	2 567.5
装配车间	生产工人	62 000	15 800	9 500	3 100	84 200	215	100	8 841	6 736	71 255	160	68 468
	管理人员	1 400	940	560	100	2 800	510	230	294	224	1 640	185	1 727
机修车间		5 100	3 200	800	900	8 200	350	200	861	656	6 420	107	6 240
配电车间		2 100	1 300	400	300	3 500	180	95	367.5	280	2 700	160	2 737.5
福利部门		4 200	1 020		220	5 000	400	110	525	400	3 740	140	3 705
厂部		58 700	12 600		1 300	70 000	1 500	750	7 350	5 600	57 250	70	54 870
合　计		268 000	60 610	26 560	9 170	346 000	4 505	2 040	36 330	27 680	287 555	1 932	277 377

注：(1) 采用银行转账方式，委托银行向职工发放工资。

(2) 职工个人应缴纳的社会保险费为应付工资的比例：养老保险费 8%，医疗保险费 2%，失业保险费 0.5%。职工个人缴存的住房公积金比例为应付工资的 8%。

第二部分

企业会计综合实训操作

第三章 建 立 账 簿

一、账簿设置

在会计综合实训中，需设置总分类账、明细分类账和日记账（包括现金日记账和银行存款日记账）。

（一）总分类账

设置小型订本式总账，学生每人一本，账页格式见表3.1。

（二）明细分类账

设置以下四种明细账（活页式）：

（1）三栏式明细账：只核算金额，账页格式见表3.2（每人55张）。

（2）数量金额式明细账：既核算金额又核算数量，账页格式见表3.3（每人30张）。

（3）多栏式明细账：只核算金额，账页格式见表3.4（每人30张）。

（4）增值税专用明细账，账页格式见表3.5（每人4张）。

（三）日记账

小型订本式。现金日记账账页每人4张，银行存款日记账账页每人6张。

在会计实务中，对于大中型企业，根据会计核算和管理要求，往往要设置若干种明细账，包括通用明细账和专用明细账。专用明细账，如物资采购明细账、库存材料明细账、固定资产明细账、应交增值税明细账等。在实训中，除增值税明细账外，可不设其他专用明细账。物资采购和各种材料在数量金额式明细账中核算。由于第二章固定资产明细账户期初余额表中的各类固定资产项目没有细化，也可不设专用明细账，也在数量金额明细账中核算。

表 3.1 总分类账

总第______页

分第______页

会计科目或编号____________

年		凭证		摘要	借方												✓	贷方												✓	借或贷	余额												✓
月	日	字	号		十	亿	千	百	十	万	千	百	十	元	角	分		十	亿	千	百	十	万	千	百	十	元	角	分			十	亿	千	百	十	万	千	百	十	元	角	分	

表 3.2　明细分类账

总第＿＿＿＿页
分第＿＿＿＿页

会计科目或编号＿＿＿＿＿

年		凭证		摘要	借方												✓	贷方												✓	借或贷	余额												✓
月	日	字	号		十	亿	千	百	十	万	千	百	十	元	角	分		十	亿	千	百	十	万	千	百	十	元	角	分			十	亿	千	百	十	万	千	百	十	元	角	分	

表 3.3　明细分类账

月	日	进价	调拨价	批发价	零售价

最高存量	
最低存量	

总第＿＿＿＿＿＿页

分第＿＿＿＿＿＿页

编号＿＿＿＿＿＿

品名＿＿＿＿＿＿

年		凭证		摘要	借方														贷方														余额													
					数量	单价	金额												数量	单价	金额												数量	单价	金额											
月	日	字	号				十	亿	千	百	十	万	千	百	十	元	角	分			十	亿	千	百	十	万	千	百	十	元	角	分			十	亿	千	百	十	万	千	百	十	元	角	分

表 3.4　明　细　账

账号____________

总第____________页

分第____________页

明细科目____________

年		凭证号数	摘要	借方	贷方	借或贷	余额	（　）方金额分析				
月	日			千百十万千百十元角分	千百十万千百十元角分		千百十万千百十元角分	千百十万千百十元角分	千百十万千百十元角分	千百十万千百十元角分	千百十万千百十元角分	千百十万千百十元角分

表 3.5 应交税费——应交增值税明细账

总第______页 分第______页

年		凭证		摘要	借方						贷方							借或贷	余额	
月	日	种类	号数		合计	√	进项税额	已交税金	转出未交增值税	出口抵减内销产品应纳税额	合计	√	销项税额	进项税额转出	转出多交增值税	出口退税				
					千百十万千百十元角分		千百十万千百十元角分	千百十万千百十元角分	千百十万千百十元角分	千百十万千百十元角分	千百十万千百十元角分		千百十万千百十元角分	千百十万千百十元角分	千百十万千百十元角分	千百十万千百十元角分			千百十万千百十元角分	√

二、科目设置

在会计实务中，不管是新建企业建账，还是老企业结束旧账建立新账，都要先设置会计科目。老企业建立新账时可沿用以前的会计科目，但要根据新会计年度的会计核算需要和管理要求，增设新的会计科目。

在会计综合实训中，需要在第二章期初账户余额表中的会计科目基础上，增设一些新的会计科目，包括总账科目和若干明细科目。

设置会计科目是一项系统性较强的工作，必须在对会计核算业务、企业经营管理、生产工艺流程，以及会计制度和税法规定等进行全面而系统的了解的基础上，才能设置出一套完整的适用会计科目。这对实训学生来说是难度较大的；而且在实训中，必须设置一套统一的会计科目，学生不能各自设置一套会计科目。本教材已为会计综合实训课教学设置一套科目明细表，如表 3.6 所示。

表 3.6　科目明细表

序号	编号	一级科目	二级科目	三级科目	四级科目	五级科目
		一、资产类				
1	1001	库存现金				
2	1002	银行存款				
3	1012	其他货币资金				
	101201		外埠存款			
	101202		银行汇票			
	101203		存出投资款			
4	1101	交易性金融资产				
	110101		股票			
	11010101			成本		
	11010102			公允价值变动		
	110102		债券			
	11010201			成本		
	11010202			公允价值变动		
5	1121	应收票据				
	112101		北方机电公司			
	112102		大连重机厂			
6	1122	应收账款				
	112201		南方机电公司			
	112202		机床经销公司			

续表

序号	编号	一级科目	二级科目	三级科目	四级科目	五级科目
	112203		大连重机厂			
	112204		长春机电公司			
7	1123	预付账款				
	112301		鞍钢一车间			
	112302		前江轴承厂			
8	1131	应收股利				
9	1132	应收利息				
10	1221	其他应收款				
	122101		行政科备用金			
	122102		赵宏借款			
	122103		李立峰借款			
	122104		陈晓艺赔款			
	122105		医疗费			
11	1231	坏账准备				
12	1401	材料采购				
	140101		原料及主要材料			
	14010101			生铁		
	14010102			圆钢		
	140102		燃料			
	14010201			焦炭		
	14010202			煤		
	140103		外购半成品			
	14010301			电机 Y123M		
	14010302			电机 AOB25		
	14010303			轴承 D318		
	14010304			轴承 D462		
	14010305			标准件		
	140104		辅助材料			
	14010401			油漆		
	14010402			润滑油		
	140105		低值易耗品			
	14010501			工作服		
	14010502			劳保鞋		
	14010503			耐热手套		

续表

序号	编号	一级科目	二级科目	三级科目	四级科目	五级科目
	14010504			勾扳手		
	14010505			法兰盘		
	14010506			螺钉		
	14010507			专用工具		
	140106		包装物			
	14010601			包装箱		
13	1403	原材料				
	140301		原料及主要材料			
	14030101			生铁		
	14030102			圆钢		
	140302		燃料			
	14030201			焦炭		
	14030202			煤		
	140303		外购半成品			
	14030301			电机 Y123M		
	14030302			电机 AOB-25		
	14030303			轴承 D318		
	14030304			轴承 D462		
	14030305			标准件		
	140304		辅助材料			
	14030401			油漆		
	14030402			润滑油		
14	1404	材料成本差异				
	140401		原料及主要材料			
	140402		燃料			
	140403		外购半成品			
	140404		辅助材料			
	140405		低值易耗品			
	140406		包装物			
15	1405	库存商品				
	140501		普通车床			
	140502		刻模铣床			
16	1411	周转材料				
	141101		低值易耗品			

续表

序号	编号	一级科目	二级科目	三级科目	四级科目	五级科目
	14110101			工作服		
	14110102			劳保鞋		
	14110103			耐热手套		
	14110104			勾扳手		
	14110105			法兰盘		
	14110106			螺钉		
	14110107			专用工具		
	14110108			电烤箱		
	141102		包装物			
	14110201			包装箱		
17	1471	存货跌价准备				
	147101		库存产品			
18	1501	持有至到期投资				
	150101		投资成本			
	150102		利息调整			
19	1511	长期股权投资				
20	1512	长期股权投资减值准备				
21	1521	投资性房地产				
	152101		出租建筑物			
	15210101			产成品库		
22	1522	投资性房地产累计折旧				
23	1601	固定资产				
	160101		生产用固定资产			
	16010101			铸造车间		
	1601010101				房屋及建筑物	
	1601010102				机器设备	
	1601010103				其他	
	16010102			机加车间		
	1601010201				房屋及建筑物	
	1601010202				机器设备	
	1601010203				其他	
	16010103			装配车间		
	1601010301				房屋及建筑物	

续表

序号	编号	一级科目	二级科目	三级科目	四级科目	五级科目
	1601010302				机器设备	
	1601010303				其他	
	16010104			机修车间		
	1601010401				房屋及建筑物	
	1601010402				机器设备	
	16010105			配电车间		
	1601010501				房屋及建筑物	
	1601010502				机器设备	
	160102		非生产用固定资产			
	16010201			房屋及建筑物		
	16010202			办公设备		
	160103		不需用固定资产			
	16010301			磨齿机		
	16010302			产成品库		
	160104		未使用固定资产			
24	1602	累计折旧				
25	1603	固定资产减值准备				
	160301		磨齿机			
	160302		未使用固定资产			
26	1604	在建工程				
	160401		设备安装			
	160402		锅炉改造			
27	1606	固定资产清理				
28	1701	无形资产				
	170101		专有技术			
	170102		专利权			
	170103		土地使用权			
29	1702	累计摊销				
	170201		专有技术			
	170202		专利权			
	170203		土地使用权			
30	1703	无形资产减值准备				
31	1811	递延所得税资产				
	181101		应收账款			

续表

序号	编号	一级科目	二级科目	三级科目	四级科目	五级科目
	181102		存货			
	181103		固定资产			
	181104		长期股权投资			
	181105		无形资产			
	181106		预计负债			
	181107		其他项目			
32	1901	待处理财产损溢				
	190101		待处理流动财产损溢			
	190102		待处理固定资产损溢			
		二、负债类				
33	2001	短期借款				
	200101		本金			
	200102		利息调整			
34	2201	应付票据				
35	2202	应付账款				
	220201		开原轴承厂			
	220202		顺达集团			
	220203		宏达轴承厂			
	220204		上海钢厂			
	220205		鞍钢一车间			
36	2203	预收账款				
	220301		沈阳机电公司			
37	2211	应付职工薪酬				
	221101		职工工资			
	221102		职工福利费			
	221103		社会保险费			
	22110301			医疗保险费		
	22110302			养老保险费		
	22110303			生育保险费		
	22110304			工伤保险费		
	22110305			失业保险费		
	221104		住房公积金			
	221105		工会经费			

续表

序号	编号	一级科目	二级科目	三级科目	四级科目	五级科目
	221106		职工教育经费			
	221107		非货币性福利			
38	2221	应交税费				
	222101		应交增值税			
	22210101			进项税额		
	22210102			已交税金		
	22210103			转出未交增值税		
	22210104			出口抵减内销税额		
	22210105			销项税额		
	22210106			进项税额转出		
	22210107			转出多交增值税		
	22210108			出口退税		
	222102		待认证进项税额			
	222103		未交增值税			
	222104		应交城建税			
	222105		应交教育费附加			
	222106		应交房产税			
	222107		应交车船使用税			
	222108		应交土地使用税			
	222109		应交所得税			
39	2231	应付利息				
	223101		短期借款利息			
	223102		长期借款利息			
40	2232	应付股利				
	223201		顺达集团			
	223202		银鸽公司			
	223203		恒宇公司			
	223204		机床附件厂			
41	2241	其他应付款				
	224101		房租			
	224102		托儿费			
	224103		社会保险费			
	224104		住房公积金			
	224105		存入保证金			

续表

序号	编号	一级科目	二级科目	三级科目	四级科目	五级科目
	224106		张涛工资			
42	2501	长期借款				
43	2502	应付债券				
	250201		债券面值			
	250202		利息调整			
	250203		应计利息			
44	2701	长期应付款				
	270101		融资租赁费			
45	2801	预计负债				
	280101		未决诉讼赔款			
	280102		产品保修费			
46	2901	递延所得税负债				
	290101		交易性金融资产			
		三、所有者权益类				
47	4001	实收资本				
	400101		顺达集团			
	400102		银鸽公司			
	400103		恒宇公司			
	400104		机床附件厂			
48	4002	资本公积				
	400201		资本溢价			
	400202		其他资本公积			
49	4101	盈余公积				
	410101		法定盈余公积			
	410102		任意盈余公积			
50	4103	本年利润				
51	4104	利润分配				
	410401		未分配利润			
	410402		提取法定盈余公积			
	410403		提取任意盈余公积			
	410404		应付股利			
		四、成本类				
52	5001	生产成本				
	500101		基本生产成本			

续表

序号	编号	一级科目	二级科目	三级科目	四级科目	五级科目
	50010101			铸造车间		
	5001010101				普通车床	
						直接材料
						直接人工
						制造费用
	5001010102				刻模铣床	
						直接材料
						直接人工
						制造费用
	50010102			机加车间		
	5001010201				普通车床	
						直接材料
						直接人工
						制造费用
	5001010202				刻模铣床	
						直接材料
						直接人工
						制造费用
	50010103			装配车间		
	5001010301				普通车床	
						直接材料
						直接人工
						制造费用
	5001010302				刻模铣床	
						直接材料
						直接人工
						制造费用
	500102		辅助生产成本			
	50010201			机修车间		
					工资	
					其他职工薪酬	
					折旧费	
					材料费	
					低值易耗品	
					修理费	

续表

序号	编号	一级科目	二级科目	三级科目	四级科目	五级科目
					水电费	
	50010202			配电车间		
					工资	
					其他职工薪酬	
					折旧费	
					材料费	
					低值易耗品	
					修理费	
					水电费	
53	5101	制造费用				
	510101		铸造车间			
				工资		
				其他职工薪酬		
				折旧费		
				修理费		
				水电费		
				低值易耗品		
				辅助生产费用分摊		
	510102		机加车间			
				工资		
				其他职工薪酬		
				折旧费		
				修理费		
				水电费		
				低值易耗品		
				辅助生产费用分摊		
	510103		装配车间			
				工资		
				其他职工薪酬		
				折旧费		
				修理费		

续表

序号	编号	一级科目	二级科目	三级科目	四级科目	五级科目
				水电费		
				低值易耗品		
				辅助生产费用分摊		
		五、损益类				
54	6001	主营业务收入				
	600101		车床销售收入			
	600102		铣床销售收入			
55	6051	其他业务收入				
	605101		材料销售收入			
	605102		租金收入			
	605103		运费收入			
56	6101	公允价值变动损益				
	610101		股票			
	610102		债券			
57	6111	投资收益				
	611101		股票投资收益			
	611102		债券投资收益			
	611103		其他投资收益			
58	6301	营业外收入				
	630101		债务重组利得			
	630102		技术转让收益			
	630103		捐赠利得			
59	6401	主营业务成本				
	640101		车床销售成本			
	640102		铣床销售成本			
60	6402	其他业务成本				
	640201		材料销售成本			
	640202		运输费用			
61	6403	税金及附加				
62	6601	销售费用				
	660101		广告费			
	660102		包装费			

续表

序号	编号	一级科目	二级科目	三级科目	四级科目	五级科目
	660103		运输费			
	660104		产品保修费			
63	6602	管理费用				
	660201		公司经费			
				工资		
				其他职工薪酬		
				差旅费		
				办公费		
				折旧费		
				修理费		
				水电费		
				低值易耗品		
	660202		其他			
				无形资产摊销		
				财产保险		
				存货盘亏		
64	6603	财务费用				
	660301		利息支出			
	660302		手续费			
65	6701	资产减值损失				
	670101		应收账款			
	670102		存货			
	670103		长期股权投资			
	670104		固定资产			
	670105		无形资产			
66	6711	营业外支出				
	671101		固定资产清理损失			
	671102		固定资产盘亏损失			
	671103		债务重组损失			
	671104		未决诉讼赔款			
67	6801	所得税费用				

三、编制明细账户表

在所设置的三种明细账簿中，各建立哪些明细账户，也需由指导教师统一确定，统一编制明细账户表。以下所列的三种明细账户一览表供参考（见表3.7～表3.9）。

表3.7 三栏式明细账户表

序号	账户名称	会计科目	序号	账户名称	会计科目
1	其他货币资金	二级科目	17	预收账款	二级科目
2	交易性金融资产	二级科目（含三级）	18	应付职工薪酬	二级科目
3	应收票据	二级科目	19	应交税费	二级科目
4	应收账款	二级科目	20	应付利息	二级科目
5	预付账款	二级科目	21	应付股利	二级科目
6	其他应收款	二级科目	22	其他应付款	二级科目
7	材料成本差异	二级科目	23	短期借款	二级科目
8	持有至到期投资	二级科目	24	应付债券	二级科目
9	存货跌价准备	二级科目	25	长期应付款	二级科目
10	固定资产减值准备	二级科目	26	预计负债	二级科目
11	在建工程	二级科目	27	递延所得税负债	二级科目
12	无形资产	二级科目	28	实收资本	二级科目
13	累计摊销	二级科目	29	资本公积	二级科目
14	递延所得税资产	二级科目	30	盈余公积	二级科目
15	待处理财产损溢	二级科目	31	利润分配	二级科目
16	应付账款	二级科目			

说明：（1）“应交税费”二级科目不包括“应交增值税”。

（2）表中各个二级科目、三级科目名称见表3.6“科目明细表”。

表3.8 数量金额式明细账户表

序 号	账户名称	品 名	序 号	账户名称	品 名
1	库存商品	二级科目	7	周转材料（包装物）	三级科目
2	原材料（原料及主要材料）	三级科目	8	材料采购（原料及主要材料）	三级科目
3	原材料（燃料）	三级科目	9	材料采购（燃料）	三级科目
4	原材料（外购半成品）	三级科目	10	材料采购（外购半成品）	三级科目
5	原材料（辅助材料）	三级科目	11	材料采购（辅助材料）	三级科目
6	周转材料（低耗品）	三级科目	12	材料采购（低值易耗品）	三级科目

续表

序号	账户名称	品名	序号	账户名称	品名
13	材料采购（包装物）	三级科目	18	生产用固定资产（机修）	四级科目
14	固定资产	二级科目	19	生产用固定资产（配电）	四级科目
15	生产用固定资产（铸造）	四级科目	20	非生产用固定资产（厂部）	四级科目
16	生产用固定资产（机加）	四级科目	21	不需用固定资产	三级科目
17	生产用固定资产（装配）	四级科目	22	投资性房地产	二级科目

注：“品名”栏中的明细科目（明细项目）见表 3.6。

表 3.9 多栏式明细账户表

序号	账户名称	明细科目	明细项目	序号	账户名称	明细科目	明细项目
1	基本生产成本（铸造）	四级科目	五级科目	10	其他业务成本		二级科目
2	基本生产成本（机加）	四级科目	五级科目	11	营业外支出		二级科目
3	基本生产成本（装配）	四级科目	五级科目	12	资产减值损失		二级科目
4	辅助生产成本	三级科目	四级科目	13	主营业务收入		二级科目
5	制造费用	二级科目	三级科目	14	其他业务收入		二级科目
6	管理费用	二级科目	三级科目	15	公允价值变动损益		二级科目
7	财务费用		二级科目	16	投资收益		二级科目
8	销售费用		二级科目	17	营业外收入		二级科目
9	主营业务成本		二级科目	18	应交税费——应交增值税明细账		

注：（1）表中“明细科目”和“明细项目”栏中的名称见表 3.6。

（2）“应交税费——应交增值税”明细账属于专用多栏式明细账。

提示：学生应关注产品成本核算科目的设置。在会计实务中，首先应根据企业实际情况和会计核算需要、管理要求确定适合于本企业的产品成本核算方法；然后，根据产品成本核算方法设置相应的会计科目。模拟企业的产品成本核算方法采用平行结转分步法，在“生产成本——基本生产成本”科目下，按照基本生产车间和产品品种设置明细科目（详见科目明细表 3.6）。

根据财政部 2016 年 12 月 3 日发布的《增值税会计处理规定》，增值税一般纳税人应在“应交税费”科目下增设“预交增值税”、“待抵扣进项税额”、“待认证进项税额”、“待转销项税额”、“增值税留抵税额”、“简易计税”、“转让金融商品应交增值税”、“代扣代交增值税”等 8 个明细科目；在“应交税费——应交增值税”明细账内，增设“销项税额抵减”和“减免税款”专栏。在实务中，企业应当根据本企业增值税核算需要，参照此规定选用有关明细科目和专栏。

四、建账操作

（一）建账步骤

建账操作包括账簿的开启和账户的开设等。建账的具体操作步骤如下：

1. 账簿的开启

在账簿的扉页上填写“经管人员一览表”或“账簿启用表”。

2. 填写账户目录

总账根据表 3.6 中的全部总账科目顺序填写账户目录。
三种明细账的账户目录分别根据其相应的明细账户表中的账户名称顺序填写。

3. 开设账户，编写账户序号

启用订本式账簿，要为目录中所列的各个科目按顺序在账簿中开设账户，将账户名称写在相应的账页上；然后，将各个账户所在页数填入目录中。在会计综合实训中，每个总账科目在总账账簿中的记录只需 1 页。

使用活页式账簿，应按账户目录中的账户顺序编写分页号，一个账户编一个号，并将账户名称填写在相应的账页上。如果一个账户需记录两页以上账页时，可在“分页号”后加编副号。例如，某账户的分页号为第 5 号，需用三张账页，分页号就编为 5-1、5-2、5-3，在第一张账页上填写该账户名称。在会计实务中，各种活页式账簿年终都要装订成册，装订后再按实际使用的账页顺序编写页数。

4. 填写各账户期初余额

账户开设好后，要将各账户的期初余额填入各账户的账页第一行“余额”栏内，并在“借或贷”栏内写明“借”或“贷”，在日期栏内填写“12 月 1 日”，在摘要栏内填写“上月结转”。

对于损益类账户，在账页第一行“借方”和“贷方”栏内都要填写 1～11 月累计额，在摘要栏内填写“上月累计结转”。

最后，在“上月结转”或“上月累计结转”下面画一条红线，以表示红线后的记录是 12 月份的账，和前期隔开。

（二）建立总账

建账依据：

（1）表 3.6 中的总账科目。

（2）2016 年 12 月 1 日各总账账户期初余额（表 2.1）和损益表账户 1～11 月累计额（表 2.2）。

建账操作：按上述建账步骤进行。

（1）填写账户目录：按表3.6中的总账科目顺序填写。

（2）开设账户：按账户目录顺序，将各账户名称填写在相应账页表头的“会计科目”之后。

（3）填写期初余额。

（三）建立三栏式明细账

建账依据：

（1）三栏式明细账户表（表3.7）。

（2）表3.6中有关明细科目或明细项目。

（3）2016年12月1日各明细账户期初余额（表2.1）。

建账操作：按上述建账步骤进行。

（1）填写账户目录：按“三栏式明细账户表”中的账户名称顺序填写。

（2）开设账户：

① 将表3.7（或账户目录）中的各账户名称，依次填写在相应账页表头的“明细分类账”之前。

② 将表3.7中“会计科目”栏内的各个二级科目名称填写在账页表头的“会计科目”之后。

（3）填写期初余额。

注意：应交税费——应交增值税明细账户不建在三栏式明细账上，采用增值税专用明细账（多栏式）。

（四）建立数量金额式明细账

建账依据：

（1）数量金额式明细账户表（表3.8）。

（2）表3.6中有关明细科目或明细项目。

（3）2016年12月1日有关明细账户期初余额（表2.3～表2.7）。

建账操作：按上述建账步骤进行。

（1）填写账户目录：按表3.8中的账户名称顺序填写。

（2）开设账户：

① 将账户目录中的各账户名称依次填写在相应账页表头的“明细分类账”之前。

② 将表3.8中“品名”栏内的各个明细科目（或明细项目）名称填写在账页表头的“品名”之后。

（3）填写期初余额。

（五）建立多栏式明细账

建账依据：

（1）多栏式明细账户表（表3.9）。

（2）表3.6中的有关明细科目或明细项目。

（3）2016 年 12 月 1 日“生产成本”明细账户期初余额（表 2.3）。

建账操作：按上述建账步骤进行。

（1）填写账户目录：按表 3.9 中的账户名称顺序填写。

（2）开设账户：

① 将账户目录中的各账户名称依次填写在相应账页表头的“明细账”之前。

② 将表 3.9 中“明细科目”栏内的各个科目名称填写在账页表头的“明细科目”之后。

③ 将表 3.9 中“明细项目”栏内的各个科目（或明细项目）名称填写在账页表内“空白栏”内。

（3）填写期初余额。

（六）建立现金日记账和银行存款日记账

将“库存现金”和“银行存款”账户期初余额填入现金日记账、银行存款日记账。

第四章　日常会计核算

一、日常会计核算的内容

日常会计核算，是指对企业日常生产经营管理过程中发生的各项经济业务进行的会计处理。这些经济业务包括两个方面：一是本企业与外单位之间发生的经济业务，如本企业与客户之间、本企业与金融机构之间、本企业与投资者之间等发生的经济业务；二是本企业内部的部门、单位之间发生的经济业务。在会计实务中，对这些经济业务都要在发生时按规定随时进行会计处理，即日常会计核算。

日常会计核算实训内容，是对模拟企业2016年12月份发生的各项经济业务（见第二章）进行会计处理，包括编写会计分录、编制记账凭证、编制科目汇总表、登记账簿等。

二、日常会计核算实训的操作程序

（1）分析各项经济业务的原始凭证或原始凭证汇总表，编写会计分录；

（2）根据会计分录编制记账凭证；

（3）根据记账凭证登记日记账，根据记账凭证和原始凭证或原始凭证汇总表登记明细账；

（4）根据记账凭证编制科目汇总表（每旬编制一次）；

（5）根据科目汇总表登记总账（每旬登记一次）。

三、日常会计核算的实训操作

（一）编写会计分录

在日常会计核算实训中，编写会计分录是关键环节，是每次实训课的主要内容。指导老师要把握好这个关键环节，指导学生正确编写会计分录。正确的会计分录应符合以下规定或要求。

（1）符合会计和税法的相关规定。会计科目和借贷方向的选择必须正确，金额必须与相关原始凭证相符。总账科目下设有明细科目的，必须有相关明细科目和金额。对涉税业务的处理，必须符合税法相关规定。

（2）符合合理性原则，要反映实情（例如，13#、43#业务，相关固定资产是旧设备，应以原价入账）。

（3）要与记账凭证的格式一致，学生能按照会计分录方便而正确地编制记账凭证。

注意：学生在实训时编写的会计分录很多是错的，需要老师做好实训辅导（参考第七章），提供正确的会计分录答案（参照本教材提供的实训答案）。

（二）编制记账凭证

1. 实训要求

（1）学生必须依据老师给出的会计分录答案或经确认为正确的会计分录，按照相关规定正确编制记账凭证。

（2）记账凭证格式采用收、付、转三种专用记账凭证。现金收、付款业务，编制现金收款凭证和现金付款凭证。银行存款收、付业务，编制银行存款收款凭证和银行存款付款凭证。其他业务，一律编制转账凭证。

注意：到银行存、取现金时，一律编制付款凭证。存现金时，编制现金付款凭证；提取现金时，编制银行存款付款凭证。

2. 操作指导

（1）记账凭证上的日期参考原始凭证日期确定，但是，后编制的记账凭证日期必须在先编制的记账凭证日期之后。

（2）记账凭证的页码序号编排方法：如果 1 份记账凭证有 2 页以上，例如，第 5 号转账凭证有 3 页，则每页编号顺序为$1\frac{1}{3}$、$1\frac{2}{3}$、$1\frac{3}{3}$，而不是$5\frac{1}{3}$、$5\frac{2}{3}$、$5\frac{3}{3}$。

（3）记账凭证上可以只填写原始凭证张数，背面不附原始凭证。但在记账凭证右上角要标注“经济业务序号”，以便与相关原始凭证核对。

（4）每个总账科目都要填写内容摘要，要简明扼要，但要准确。

（5）总账科目下设有明细科目的，必须填写相关明细科目和金额（有些学生只填写总账科目，不填明细科目，是错误的）。在明细科目下设有下一级明细科目或明细项目的，如材料名称等，在记账凭证上可不填写。因为，在登记明细账时，除依据记账凭证外，必要时还要依据相关原始凭证或原始凭证汇总表。

（6）总账科目下只有 1 个明细科目的，明细科目可与总账科目填入同一行。总账科目下平行设有几个明细科目的，总账科目和各明细科目要分行填写。如果在一个总账科目下设有几级明细科目，则可将一级明细科目与总账科目填入同一行。例如，在“生产成本”科目下设有四级明细科目或明细项目，在编制记账凭证时，可将一级明细科目“基本生产成本”或“辅助生产成本”与“生产成本”填入同一行；二级明细科目填入“生产成本”以下各行；三级明细科目填入括弧内，四级明细科目（成本项目）不填，如表 4.1 所示。

（7）月末将收入、成本、费用等损益类账户余额结转“本年利润”时，在转账凭证上只填写总账科目，不填写其明细科目。但在账面上要同时结转相关明细科目余额，以红字填入“明细项目”栏内。

注意：在企业会计实务中，记账凭证背面必须附相关原始凭证，但在会计实训中可以不附原始凭证，不影响实训效果和教学质量；否则，将原始凭证从书上裁剪下来工作量太大，而且损坏了教材。

表 4.1 转账凭证

2016 年 12 月 2 日　　　　转字第 5 号第　页

摘　要	借　方		√	贷　方		√	金　额
	科　目	明细科目		科　目	明细科目		
领用材料	生产成本	基本生产成本					101 850
		铸造车间（车床）					77 850
		铸造车间（铣床）					24 000
发出材料				原材料			101 850
					原料及主要材料		87 400
					燃料		14 450
合　计							¥101 850

会计主管：　　记账：　　出纳：　　复核：　　制单：张　萍

（三）编制科目汇总表

1. 科目汇总表格式

科目汇总表的格式见本教材第四部分“实训作业用表”。

2. 编制方法

采用编制“科目发生额汇总计算表”的方法来编制科目汇总表。科目发生额汇总计算表的格式如表 4.2 所示。科目发生额汇总计算表中的科目及顺序与科目汇总表一致。

表 4.2 科目发生额汇总计算表

科目						
	借 方	贷 方	借 方	贷 方	借 方	贷 方
上旬						
合 计						
中旬						
合 计						
下旬						
合 计						

3. 编制科目汇总表的经济业务范围

上旬科目汇总表：1～42#业务。
中旬科目汇总表：43～65#业务。
下旬科目汇总表：66～105#业务。

4. 操作步骤

第一步，根据记账凭证填写“科目发生额汇总计算表”。

将记账凭证中的每个总账科目发生的每一笔金额逐笔过入表中该科目的“借方”或“贷方”栏内。将全部记账凭证中的所有总账科目的发生额都过入表中之后，再结算出每个总账科目发生额的本旬合计数。

第二步，根据“科目发生额汇总计算表”填写“科目汇总表”。

将“科目发生额汇总计算表”中每个科目的发生额合计数过入“科目汇总表”该科目的“借方”或“贷方”栏内。

第三步，检查科目汇总表的正确性。

将全部科目的发生额合计数都过入之后，计算出全部总账科目发生额的累计数。全部总账科目发生额的“借方累计数”应等于“贷方累计数”；否则，必有错，应查错纠正，直至达到平衡状态，才算完成了科目汇总表的编制。

科目汇总表达到平衡状态，同时也表明了全部记账凭证中的所有总账科目的金额是正确的，才能据此登记总账。

（四）登记账簿

必须按照以下记账规则，根据记账凭证登记各种账簿。

（1）登记账簿时，应当将记账凭证日期、编号、内容摘要、金额和其他有关事项逐项记入账内，做到数字准确，摘要清楚，记账及时，字迹工整。

（2）现金日记账和银行存款日记账应当逐笔序时登记，做到“日结月清”。

（3）登记完毕后，要在记账凭证上签名或者盖章，并划上记账符号“√”，表示某科目的金额已登记入账，以防重复记账。

（4）账簿中书写的文字和数字上方要留有适当空间，不要写满格，一般不超过半格。

（5）登记账簿要用蓝黑墨水或碳素笔书写，不得使用圆珠笔。

（6）下列情况，可以用红色墨水记账：

① 按照红字冲账的记账凭证，冲销错误记账；

② 在不设“借”或“贷”专栏的多栏式账页中，登记减少数；

③ 在三栏式账页的“金额”栏内，如未印明余额方向的，在“余额”栏内登记负数金额。

（7）各种账簿要按页次顺序连续登记，不得跳行、隔页。如果发生跳行、隔页，应将空行、空页画线注销，或者写上“此行空白”、“此页空白”或“此页作废”字样，并由记账人员签名或盖章。

（8）凡需要结出账户余额的，应在“借或贷”栏内，写明“借”或“贷”字。没有余额，即余额为零的，应在“借或贷”栏内写“平”字，并在“余额”栏内用“～”表示。

（9）每一账页登记完毕结转下页时，应当结出本页借方、贷方发生额合计数及余额，写在本页最后一行和下页第一行有关栏内，并在本页最后一行摘要栏内注明“过次页”或“转下页”，在下页第一行摘要栏内注明“承前页”或“上页结账”；也可以将本页发生额合计数及余额只写在下页第一行有关栏内，并在摘要栏内写“承前页”。

① 对需要结计本月发生额合计的账户，结计“过次页”的本页合计数，应为本月初起至本页末止的发生额合计数。

② 对需要结计本年累计发生额的账户，结计“过次页”的本页合计数，应为自年初起至本页末止的发生额累计数。

③ 对既不需要结计本月发生额合计数，也不需要结计本年累计发生额的账户，可以只将结出的每页余额结转次页。

（10）总账和所属的明细账，在采用记账凭证式账务处理情况下，应按照平行记账规则登记，即：记账时间相同，记账方向相同，记账金额相同；在采用科目汇总表或汇总记账凭证式账务处理情况下，总账和明细账的记账时间不同，但记账方向应当相同，总账记账金额必须与相关明细账的记账金额合计数相符。（本教材采用科目汇总表式账务处理程序）。

四、实训作业

日常会计核算实训结束后，学生应当完成 78 项经济业务的会计处理。实训作业包括：记账凭证、科目汇总表（上旬、中旬）的编制和各种账簿的登记。学生必须按时完成日常会计核算实训作业，以便为期末业务核算提供实训资料（因为期末业务核算是在日常会计基础上进行的）。

第五章　期末业务核算

一、期末业务核算的内容、程序及要求

（一）实训内容与程序

期末业务核算，是指企业财务部门在日常会计核算基础上所进行的非经济往来业务核算和期末财务结算。期末业务核算项目及核算程序如图 5.1 所示，该核算程序在会计实务中有实用价值。

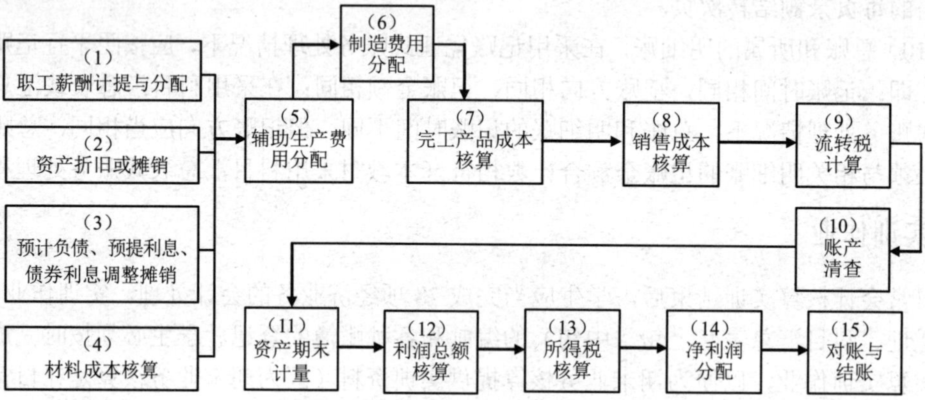

图 5.1　期末业务核算流程

（二）实训要求

（1）按照规定的程序和方法正确完成期末业务核算实训各项计算。

（2）按时完成期末业务核算实训作业，包括各种计算表、科目汇总表（下旬及本月合计）、账户平衡表及相关会计处理。

注意：期末业务核算中，各种计算表左上角标注的编码是期末各项业务的编号，与日常会计核算中的业务编号衔接。凡列入期末各项业务核算“实训作业”的计算表，学生都要认真完成。实训结束后，可将这些计算表从书上裁剪下来，与科目汇总表、账户平衡表、财务报表合并装订成册与其他实训作业一并交付指导老师。如要保持教材的完整性，本章计算表也可不裁剪下来，可由学生复印。

二、职工薪酬计提与分配

（一）实训资料

（1）2016 年 12 月工资结算汇总表及相关会计处理（见 78#业务）。

（2）单位产品定额工时资料（见第二章表 2.9）

（二）职工薪酬的确认和计提

1. 应付工资

2016 年 12 月，金华公司应付工资总额（包括奖金、津贴等）为 346 000 元。

2. 其他职工薪酬

（1）“五险一金”和工会经费、职工教育经费。

以应付工资总额为计提基础，按照规定的比例计提，计提比例见“其他职工薪酬计提表”（各个地区的计提比例可能有差异，不影响实训效果）。

（2）职工福利费。

结出“应付职工薪酬——职工福利费”账户余额（贷方），以负数填入“其他职工薪酬计提表”。

（3）非货币性福利。

公司决定在 2017 年元旦和春节期间，购买家用电器等商品作为福利发放给全体员工，预计金额为 117 053 元（含税）。

79.1

其他职工薪酬计提表

年　月　日　　　　单位：元

项　目		计提基础	计提比例	计提金额
社会保险费	基本养老保险费		20%	
	医疗保险费		7%	
	生育保险费		0.25%	
	工伤保险费		0.5%	
	失业保险费		1%	
	小计		28.75%	
住房公积金			12%	
工会经费			2%	
职工教育经费			2.5%	
职工福利费				
非货币性福利				
合　计				

制表：　　　　财务科长：

答案：其他职工薪酬合计为 137 450 元。

3. 操作指导

新修订的《企业会计准则第 9 号——职工福利费》及其《应用指南》（2017 年版）规定，职工薪酬包括短期薪酬、离职后福利、辞职福利和其他长期福利。上述“其他职工薪酬计提表”中的基本养保险费和失业保险费属于离职后福利，其他诸项均属于短期薪酬。其中，职工福利费按实际发生额进行确认和计量，规定：“企业发生的职工福利费，应当在实际发生时根据实际发生额计入当期损益或相关资产成本”。该规定不同于过去的相关规定，属于会计政策的变更，应根据相关准则规定采用追溯调整法或未来适用法进行会计处理。由于该项会计政策变更对以前各期损益的累计影响数难以可靠计量，追溯调整法不可行，应采用未来适用法。对于以前期间按照原来规定核算形成的“应付职工薪酬——职工福利费”账户期末贷方余额，可在未来期间以实际发生的职工福利费抵销，也可在当期予以冲销。在实训操作时，要在当期冲销，将应冲销的该账户贷方余额（136 168 元），以“减项”计入其他职工薪酬合计数。

短期薪酬中的其他项目金额的确认和计量仍按过去规定执行。

对于离职后福利中的基本养老保险费和失业保险费，规定按照设定提存计划进行确认和计量，但对提存计划如何设定没有具体规定。在实训操作时，假定模拟企业仍按照工资总额的 20%、1%分别计提基本养老保险费和失业保险费。

（三）职工薪酬分配计算

1. 生产工人工资分配计算

按照生产工人工资分配计算表（79.2）进行计算。

$$分配率=\frac{生产工人工资总额}{产品定额工时合计}\text{（精确到小数点后 4 位）}$$

普通车床分配额＝分配率×普通车床定额工时

刻模铣床分配额＝生产工人工资总额－普通车床分配额

2. 其他职工薪酬分配计算

按照其他职工薪酬分配计算表（79.3）进行计算。

$$分配率=\frac{其他职工薪酬合计}{应付工资总额}\text{（精确到小数点后 4 位）}$$

其单位（部门、产品）＝分配率×该单位（部门、产品）应付工资

厂部分配额采用倒挤方法计算。

（四）实训作业

（1）完成生产工人工资分配计算表（79.2）和其他职工薪酬分配计算表（79.3）。

（2）根据计算结果进行会计处理（79#）。

提示：将福利部门和厂部的应付工资及其他职工薪酬分配额记入“管理费用”科目。

79.2

生产工人工资分配计算表

年 月 日　　　　单位：元

分厂	产品	定额工时	分配率	分配额
铸造车间	普通车床			
	刻模铣床			
	合计			
机加车间	普通车床			
	刻模铣床			
	合计			
装配车间	普通车床			
	刻模铣床			
	合计			

制表：　　　　财务科长：

79.3

其他职工薪酬分配计算表

年 月 日　　　　单位：元

单位（部门、产品）		应付工资	分配率	分配额
铸造车间	普通车床			
	刻模铣床			
	管理人员			
机加车间	普通车床			
	刻模铣床			
	管理人员			
装配车间	普通车床			
	刻模铣床			
	管理人员			
机修车间				
配电车间				
福利部门				
厂部				
合计				

制表：　　　　财务科长：

三、资产折旧或摊销

（一）固定资产折旧

1. 实训资料

（1）2016 年 11 月，固定资产折旧资料如 80.1 表所示。

（2）2016 年 11 月，机加车间增加一台设备，当月已投入使用，原价 50 000 元，折旧年限为 10 年，预计净残值率为 3%。2016 年 11 月，装配车间报废一台旧设备，原价 40 000 元，折旧年限为 10 年，净残值率为 2%，已计提折旧 8 年。该企业采用直线法计提折旧。

80.1

固定资产折旧

2016 年 11 月　　单位：元

固定资产类别	铸造车间	机加车间	装配车间	机修车间	配电车间	公司总部	合计
房屋及建筑物	7 200	800	15 600	1 040	1 200	11 200	44 240
机器设备	6 240	28 800	9 000	1 440	2 400	4 800	52 680
其　他	4 200	4 695.83	2726.67			1 800	13 422.5
合　计	17 640	41 495.83	27326.67	2 480	3 600	17 800	110 342.5

制表：　　财务科长：

2. 计算本月折旧额

本月折旧额＝上月折旧额＋本月折旧增加额－本月折旧减少额

提示：企业固定资产较多，在实务中不可能对每项固定资产每月都计算折旧额，一般都是在上月折旧基础上，根据本月折旧增减变化情况计算确定本月折旧额。

3. 实训作业

（1）完成固定资产折旧计算表（80.2）。

（2）根据计算结果进行会计处理（80#）。

答案：本月应计提折旧额合计为 110 420 元。

（二）无形资产摊销

1. 实训资料

原专利权和土地使用权的原价及 2016 年 12 月初累计摊销额见第二章期初账户余额表（表 2.1），本月新购专利权见 55#业务。

2. 计算本月摊销额

无形资产采用直线法摊销，摊销年限为 10 年，不考虑残值。每月摊销计算结果取整，摊销期满如有未摊销余额，届时一次性摊销完。

3. 实训作业

（1）完成无形资产摊销计算表（81#）。
（2）根据计算结果进行会计处理（81#）。
答案：本月摊销额合计为 636 元。

80.2

固定资产折旧计算表

年 月 日 单位：元

	铸造车间	机加车间	装配车间	机修车间	装配车间	公司总部	合计
上月折旧额							
本月折旧增加							
本月折旧减少							
合 计							

制表： 财务科长：

81

无形资产摊销计算表

年 月 日 单位：元

项目	原价	摊销额			月末未摊销额
		月初累计	本月摊销	月末累计	
原专利权					
新购专利权					
土地使用权					
合 计					

制表： 财务科长：

四、预计负债、预提利息及利息调整摊销

（一）预计负债

根据 82#、83#业务的原始凭证进行会计处理，确认预计负债。

提示：本月销售额，是指本月主营业务收入。

1. 预提产品质量保修费（82#）

82.1

公司对销售的机床，承诺出售两年内如有非意外事故造成的机床故障和质量问题，公司免费负责保修，根据以往经验，发生的保修费一般在销售额的 1%～2%之间，因此，公司对销售的产品计提预计负债。

财务科长：高　林

2016 年 12 月 30 日

82.2

预计负债计提表

2016 年 12 月 30 日

本月销售额	预计比例 （0.01＋0.02）÷2	计提预计负债

制表：于　波　　　　　　审核：高　林

2. 预计未决诉讼赔款（83#）

83

公司因合同违约而涉及一桩诉讼案，根据企业的法律顾问判断，最终的判决可能对本企业不利，年末尚未接到法院判决，因此诉讼须承担的赔偿金额无法准确确定，据估计赔偿金额为 50 000 元。

财务科长：高　林

2016 年 12 月 30 日

（二）预提借款利息（84#）

1. 实训资料

（1）“短期借款”和“长期借款”账户期初余额（见表 2.1）

（2）本期发生的借款和偿还借款业务：11#、25#、41#、56#。

2. 计算借款利息

按照 84#表计算各项借款利息。

提示：

（1）两项前期短期借款是由前期短期余额 1 260 000 元分解形成的，一项是本月 7 日偿还的 200 000 元，一项是剩余的 1 060 000 元。

（2）两项前期长期借款是由前期长期借款余额 1 464 800 元分解形成的，一项是本月 10 日偿还的 550 000 元，一项是剩余的 914 800 元。

（3）计息期满 1 个月的，按月计算；不满 1 个月的，按天计算。一年按 360 天计算，确定天数的原则：去头不去尾，或去尾不去头。

3. 实训作业

（1）完成借款利息计算表（84#）。

（2）根据计算结果进行会计处理（84#）。

答案：本月计提借款利息总额为 23 148 元。

（三）票据贴现利息摊销

1. 摊销方法

商业承兑汇票贴现利息（27#）采用实际利率法摊销。实际利率为票据到期值的现值等于贴现额的折现率，贴现期为 3 个月。实际利率参考答案为 8.48%（实际利率按单利法计算），按月计算摊销额。

每期利息费用＝期初摊余成本×实际利率÷12（或 360）×1（或天数）

每期应付利息＝0

每期利息摊销额＝每期应付利息－每期利息费用＝－每期利息费用

期末摊余成本＝期初摊余成本－本期利息摊销额

贴现当期期初摊余成本＝贴现净额

2. 实训作业

（1）完成贴现利息摊销计算表（85）。

（2）根据 2016 年 12 月 6～31 日期间的摊销额进行会计处理（85#）。

答案：2016 年 12 月 6～31 日期间摊销额为 456.72 元。

（四）预提债券利息及利息调整摊销

1. 实训资料

86.1

债券发行情况明细表

2016 年 12 月　　　　　　　　　　　　　　单位：元

	发行时间	起止时间	发行方式	发行价	面值	票面利率	实际利率	付息方式
前期债券			平价	400 000	400 000	10%		到期还本付息
新发行债券	2016.11.20～12.17	2016.12.19～2018.12.19	溢价	520 000	500 000	12%		到期还本付息

2. 利息调整摊销方法

采用实际利率法摊销。债券实际利率，是指债券未来现金流量现值等于发行价的折现率。计算公式：

应付利息＝面值×票面利率÷12（或 360）×1（或天数）
利息费用＝期初摊余成本×实际利率÷12（或 360）×1（或天数）
利息调整摊销＝应付利息－利息费用
期末摊余成本＝期初摊余成本－利息调整摊销

首期期初摊余成本为债券发行价。

3. 实训作业

（1）完成应付债券利息及利息调整摊销计算表（86.2）。

（2）根据计算结果进行会计处理（86#）。

答案：本期新发行债券的实际利率（年）为 9.19%；前期平行发行的债券，实际利率等于票面利率。前期债券本月利息费用为 3 333.33 元，新发行债券本月利息费用为 1 592.93 元。

提示：实际利率的计算方法和应付债券利息调整及票据贴现利息的摊销计算公式来源，见第八章。

84

借款利息计算表

年 月 日 单位：元

	借款日期	借款额	利 率	计息期间	计提利息
前期短期借款			10%		
前期短期借款			10%		
本期短期借款			10%		
本期短期借款			10%		
前期长期借款			12%		
前期长期借款			12%		
合 计					

制表： 财务科长：

85

贴现利息摊销计算表

年 月 日 单位：元

期 间	期初摊余成本	利息费用	利息摊销额	期末摊余成本
2016年12月6～31日				
2017年1月				
2017年2月				
2017年3月1～10日				
合 计				

制表： 财务科长：

86.2

应付债券利息及利息调整摊销计算表

年 月 日 单位：元

	期 间	期初摊余成本	利息费用	应付利息	利息调整摊销	期末摊余成本
前期债券	2016.12					
新发行债券	2016.12.19～12.31					
合 计						

制表： 财务科长：

五、材料成本核算

期末材料成本核算的目的，是计算出本月发出的各类材料应分配的材料成本差异额，进而核算出发出的各种材料的实际成本。

发出材料的实际成本＝计划成本（领料时入账金额）＋材料成本差异额

根据计算出的各种材料成本差异额编制记账凭证，登记入账；月末，结出各种材料费用明细账户发生额合计（借方），即为本月各种发出材料的实际成本。

材料成本核算的程序或步骤如下。

（一）汇总计算本月收入的各类材料的计划成本和成本差异额

按“收料汇总表”（87.1）进行计算。将本月日常核算中“收料凭证汇总表”中的数据，统计并填入此表；然后，结算出本月收入的各类材料成本差异额。

（二）计算材料成本差异率

按“材料成本差异率计算表”（87.2）进行计算。

将总分类账户期初余额表（表 2.1）中的各类材料明细账户期初余额和各类材料成本差异明细账户期初余额分别填入此表；将上述“收料汇总表”中各类材料的计划成本合计数和成本差异额分别填入此表。然后，计算出本月各类材料成本差异率（精确到小数点后两位）。

（三）汇总计算本月发出的各类材料的计划成本

将本月日常会计核算中编制的“领料单”（34#、75#）和“领料单汇总表”（业务号 5、32、64）中的材料计划成本，按材料类别和领用单位分别汇总，填入“发出材料应分配的成本差异额计算表”中（87.3）；并汇总计算出本月发出的各类材料计划成本合计数和各单位、各产品本月领用材料的计划成本合计数。

（四）计算发出材料应分配的成本差异额

按“发出材料应分配的成本差异额计算表”（87.3）逐项计算成本差异额；并汇总计算出各类材料成本差异额合计数和各单位、各产品领用的材料成本差异额合计数。

提示：汇总计算完成后，要进行数字验算，检查是否有误。验算公式如下：

各类材料计划成本合计数的总和＝各单位领用各类材料的计划成本合计数的总和

各类材料成本差异合计数的总和＝各单位领用各类材料的成本差异合计数的总和

（五）实训作业

（1）完成 87.1、87.2、87.3 计算。

（2）根据 87.3 的计算结果进行会计处理（87#）。

答案：应结转的材料成本差异总额为 29 605.84 元。

87.1

收料汇总表

2016 年 12 月 31 日

材料名称	原料及主要材料		燃料		辅助材料		外购半成品		低值易耗品		包装物		合计	
	计划成本	实际成本	计划成本	实际成本	计划成本	实际成本	计划成本	实际成本	计划成本	实际成本	计划成本	实际成本	计划成本	实际成本
合计														
差异额														

87.2

材料成本差异率计算表

2016年12月

材料类别	月初结存材料成本差异额 (1)	本月收入材料成本差异额 (2)	差异总额 (3) = (1) + (2)	月初结存材料计划成本 (4)	本月收入材料计划成本 (5)	计划成本总额 (6) = (4) + (5)	成本差异率（%） (7) = (3) ÷ (6)
原料及主要材料							
辅助材料							
外购半成品							
燃料							
低值易耗品							
包装物							

87.3

发出材料应分配的成本差异额计算表

2016 年 12 月 31 日

领料部门	用途	原料及主要材料		燃料		外购半成品		辅助材料		低值易耗品		包装物		合计	
		计划成本	成本差异	计划成本	成本差异	计划成本	成本差异	计划成本	成本差异	计划成本	成本差异	计划成本	成本差异	计划成本	成本差异
铸造车间	普通车床														
	刻模铣床														
	车间														
	合计														
机加车间	普通车床														
	刻模铣床														
	车间														
	合计														
装配车间	普通车床														
	刻模铣床														

续表

领料部门	用途	原料及主要材料		燃料		外购半成品		辅助材料		低值易耗品		包装物		合计	
		计划成本	成本差异	计划成本	成本差异	计划成本	成本差异	计划成本	成本差异	计划成本	成本差异	计划成本	成本差异	计划成本	成本差异
装配分厂	车间														
	合计														
机修车间	检修设备														
配电车间	车间用														
厂部	劳保														
物资部门	销售														
合计															
成本差异率															
计算公式		材料成本差异额=计划成本×成本差异率													

六、生产费用分配

（一）辅助生产费用分配

1. 实训资料

（1）“生产成本——辅助生产成本”明细账记录

（2）机修车间和配电车间向各受益单位（各基本车间和公司总部）提供的劳务量和用电量（88.1）

88.1

辅助车间提供的用电、劳务数量表

	铸造车间	机加车间	装配车间	机修车间	公司总部	合计
机修车间	12 500	30 200	26 126		5 000	73826（工时）
配电车间	27 500	77 500	43 200	3 000	21 810	173010（度）

2. 分配计算

第一步，首先分配机修车间应负担配电车间的部分费用。

1）间接分配法

所谓间接分配法，就是首先将机修车间应负担配电车间的部分费用分配给机修车间（即所谓交互分配）；然后，将分配额和机修车间原来发生的费用加总，再由机修车间向各受益单位分配。

2）直接分配法

所谓直接分配法，就是将机修车间应负担配电车间的部分费用直接分配给各受益单位。分配办法，是将机修车间的用电量 3 000 度按其提供给各受益单位的劳务量的比例，分配给各受益单位。分配计算公式：

$$\text{某单位分配用电量}=\frac{3\,000}{73\,826}\times\text{该单位接受的劳务量（计算结果取整数）}$$

间接分配法计算量少，但增加会计处理工作；直接分配法计算量多些，但不增加会计处理工作。本教材采用直接分配法。

第二步，将辅助生产费用分配给各受益单位。

按“辅助生产费用分配计算表”进行计算。

1）机修车间费用分配

$$\text{分配率}=\frac{\text{应分配费用总额}}{\text{劳务总量（工时）}}\text{（精确到小数点后四位）}$$

$$某单位分配额=分配率\times该单位劳务量（工时）$$

2）配电车间费用分配

$$分配率=\frac{应分配费用总额}{用电总量（度）}（精确到小数点后四位）$$

$$某单位分配额=分配率\times该单位用电量（度）$$

提示：

（1）期末，结出“生产成本——辅助生产成本”明细账户发生额合计，即为应分配费用总额（答案：机修车间费用总额 34 019.44 元，配电分车间费用总额为 68 918.55 元）。

（2）公司总部分配额采用倒挤方法计算。

3）实训作业

（1）完成表 88.2、88.3 计算。

（2）根据表 88.3 计算结果进行会计处理（88#）。

提示：**将分配给各基本车间的辅助生产费用记入各基本车间的“制造费用”科目。**

答案：铸造车间分配额为 16 918.39 元，机加车间分配额为 45 281 元，装配车间分配额为 29 672.84 元，公司总部分配额为 11 065.76 元。

（二）制造费用分配

1. 实训资料

（1）“制造费用”明细账户记录。

（2）单位产品定额工时资料（第二章表 2.9）。

2. 分配计算

按照制造费用分配计算表进行计算。

$$分配率=\frac{制造费用总额}{产品定额工时合计}（精确到小数点后4位）$$

$$普通车床分配额=分配率\times普通车床定额工时$$

$$刻模铣床分配额=制造费用总额-普通车床分配额$$

提示：**辅助生产费用分配登记入账后，结出各基本车间“制造费用”明细账户发生额合计，即为各基本车间发生的制造费用总额（答案：铸造车间、机加车间、装配车间的制造费用总额分别为 41 855.49 元，93 660.61 元，62 155.08 元）。**

3. 实训作业

完成制造费用分配计算表，并进行会计处理（89#）。

答案：普通车床分配额合计为 144 196.4 元，刻模铣床分配额合计为 53 474.78 元。

88.2

配电车间提供的用电量分配计算表

		铸造车间	机加车间	装配车间	公司总部	合计
用电量	分配数					3 000（度）
	提供数	27 500	77 500	43 200	21 810	170 010（度）
	合计					173 010（度）

88.3

辅助生产费用分配计算表

2016 年 12 月　　单位：元

	分配率	铸造车间	机加车间	装配车间	公司总部	合计
		数量/金额	数量/金额	数量/金额	数量/金额	数量/金额
机修车间						
配电车间						
合计						

制表：　　财务科长：

89

制造费用分配计算表

2016 年 12 月　　单位：元

车间	产　品	定额工时	分配率	制造费用分配额
铸造车间	普通车床			
	刻模铣床			
	合　计			
机加车间	普通车床			
	刻模铣床			
	合　计			
装配车间	普通车床			
	刻模铣床			
	合　计			
合　计				

制表：　　财务科长：

七、完工产品成本核算

本企业采用平行结转分步法核算完工产品成本，各基本生产车间完成的半成品数量采用约当产量法计算。

（一）实训辅导（见第九章）

（二）实训资料

（1）“生产成本——基本生产成本”明细账记录，包括2016年12月初余额和12月份的发生额。12月初余额为“月初在产品成本”，12月份发生额合计为“本月生产费用”。

（2）2016年12月的产品产量记录、单位产品定额工时和产品实际工时资料（见第二章表2.8～表2.10）。

（三）实训操作

按照第八章完工产品成本计算公式进行计算。

1. 计算确定月末在产品完工率

（1）“直接材料”完工率：100%。

（2）施工完工率：

按照施工完工率计算表（90.1）计算“直接人工”、“制造费用”的施工完工率，精确到小数点后4位。

2. 计算约当产量

按照约当产量计算表（90.2，90.3）计算月末在产品约当产量和总约当产量，精确到小数点后2位。表中“完工产量”为本月完工的产成品数量。

3. 计算各车间完工产品成本和月末在产品成本

按照“车间制造成本计算表”（90.4，90.5）进行计算，分配率计算精确到小数点后2位。

4. 汇总计算产成品总成本和单位产品成本

按照“完工产品制造成本汇总计算表”（90.6）进行计算。将“车间制造成本计算表”中的“完工产品成本”栏内的数据过入该表，该表中的“产品总成本”为各车间“完工产品成本”合计数之和。

（四）实训作业

（1）完成完工产品成本核算的计算表（90.1～90.6）；

（2）填写产品入库单（90.7，90.8）；

（3）根据表90.6计算结果进行会计处理（90#）。

答案：普通车床产品总成本为1 231 877元，单位产品成本为24 637.54元；刻模铣床产品总成本为282 107.6元，单位产品成本为14 105.38元。

90.1

施工完工率计算表

车间	产品	实际工时	单位产品定额工时	本月完工产品数量	月末在产品数量	施工完工率
		（1）	（2）	（3）	（4）	（5）＝（1）÷[（3）+（4）]×（2）
铸造车间	普通车床					
	刻模铣床					
机加车间	普通车床					
	刻模铣床					
装配车间	普通车床					
	刻模铣床					

90.2

约当产量计算表（一）

产品名称：普通车床

车间	项目	月末在产品	完工率	约当产量	以后各车间月末在产品	完工产量	总约当产量
		（1）	（2）	（3）＝（1）×（2）	（4）	（5）	（6）＝（3）＋（4）＋（5）
铸造车间	直接材料						
	直接人工						
	制造费用						
机加车间	直接材料						
	直接人工						
	制造费用						
装配车间	直接材料						
	直接人工						
	制造费用						

90.3

约当产量计算表（二）

产品名称：刻模铣床

车间	项目	月末在产品	完工率	约当产量	以后各车间月末在产品	完工产量	总约当产量
		（1）	（2）	（3）＝（1）×（2）	（4）	（5）	（6）＝（3）＋（4）＋（5）
铸造车间	直接材料						
	直接人工						
	制造费用						
机加车间	直接材料						
	直接人工						
	制造费用						
装配车间	直接材料						
	直接人工						
	制造费用						

90.4

车间制造成本计算表（一）

产品名称：普通车床　　　　完工产量：50

车间	成本项目	月初在产品成本	本月生产费用	费用合计	约当产量	分配率	完工产品成本	月末在产品成本
铸造车间	直接材料							
	直接人工							
	制造费用							
	合　计							
机加车间	直接材料							
	直接人工							
	制造费用							
	合　计							
装配车间	直接材料							
	直接人工							
	制造费用							
	合　计							

90.5

车间制造成本计算表（二）

产品名称：刻模铣床　　　　完工产量：20

车间	成本项目	月初在产品成本	本月生产费用	费用合计	约当产量	分配率	完工产品成本	月末在产品成本
铸造车间	直接材料							
	直接人工							
	制造费用							
	合　计							
机加车间	直接材料							
	直接人工							
	制造费用							
	合　计							
装配车间	直接材料							
	直接人工							
	制造费用							
	合　计							

90.6

完工产品制造成本汇总计算表

产品名称：普通机床　　　　完工产量：50

车　间	直接材料	直接人工	制造费用	产品总成本	单位产品成本
铸造车间					
机加车间					
装配车间					
产品总成本					
单位产品成本					

产品名称：刻模铣床　　　　完工产量：20

铸造车间					
机加车间					
装配车间					
产品总成本					
单位产品成本					

90.7

产品交库单

凭证编号：

交库部门： 年 月 日 产成品库：

产品类别	产品名称及规格	产品编号	计量单位	实收数量	单位成本	实际成本

记账： 主管： 保管： 交库：

90.8

产品交库单

凭证编号：

交库部门： 年 月 日 产成品库：

产品类别	产品名称及规格	产品编号	计量单位	实收数量	单位成本	实际成本

记账： 主管： 保管： 交库：

八、销售成本核算

（一）实训资料

（1）“库存商品”明细账户期初余额（见第二章 2.4）。
（2）本月完工产品成本核算资料（见本章 90.6）。
（3）本月产品销售数量（根据“产品出库单”统计）。

（二）实训操作

1. 计算库存产品单位成本

单位产品成本＝（月初库存产品数量×月初库存产品单位成本
＋本月完工入库产品数×本月完工入库产品单位成本）
÷（月初库存产品数＋本月完工入库产品数）

注意：（1）计算普通车床单位成本时，应从月初库存产品数中扣除 2 台自用普通车床（见 77#业务）。（2）单位产品成本计算精确到小数点后 2 位。

2. 计算本月销售产品总成本

销售产售总成本＝本月销售数量×单位产品成本

（三）实训作业

（1）完成销售产品成本计算表（91.8）；
（2）填写“产品出库单”（91.1～91.7）；
（3）根据 91.8 的计算结果进行会计处理（91#）。

提示：在结转销售产品成本时，应同时结转相关的存货跌价准备。

主营业务成本＝销售产品成本－应结转存货跌价准备

$$\text{应结转的存货跌价准备}=\frac{\text{期初存货跌价准备余额}}{\text{期初“库存商品”账户余额}}\times\text{销售产品成本}$$

答案：普通车床销售成本为 852 678.4 元，刻模铣床销售成本为 29 5243 元，主营业务成本为 1 117 115.6 元，应结转存货跌价准备 30805.8 元。

91.1

产品出库单

凭证编号：11002

用途：销售　　2016年12月3日　　产成品库：一号库

类　别	编　号	名称及规格	计量单位	数　量	单位成本	总成本	附注：
	25001	普通车床	台	10			
合　计							

二财务存

记账：　　保管：张　通　　检验：　　制单：

91.2

产品出库单

凭证编号：11003

用途：销售　　2016年12月3日　　产成品库：二号库

类　别	编　号	名称及规格	计量单位	数　量	单位成本	总成本	附注：
	25002	刻模铣床	台	5			
合　计							

二财务存

记账：　　保管：于　洋　　检验：　　制单：

91.3

产品出库单

凭证编号：11004

用途：销售　　2016年12月6日　　产成品库：一号库

类 别	编　号	名称及规格	计量单位	数　量	单位成本	总成本	附注：
	25001	普通车床	台	2			
合　计							

二财务存

记账：　　保管：张　通　　检验：　　制单：

91.4

产品出库单

凭证编号：11005

用途：销售　　2016年12月8日　　产成品库：二号库

类　别	编　号	名称及规格	计量单位	数　量	单位成本	总成本	附注：
	25002	刻模铣床	台	5			
合　计							

二财务存

记账：　　保管：于　洋　　检验：　　制单：

91.5

产品出库单

凭证编号：11006

用途：销售　　2016 年 12 月 6 日　　产成品库：一号库

类　别	编　号	名称及规格	计量单位	数　量	单位成本	总成本	附注：
	25001	普通车床	台	3			
合　计							

二财务存

记账：　　保管：张　通　　检验：　　制单：

91.6

产品出库单

凭证编号：11008

用途：销售　　2016 年 12 月 20 日　　产成品库：二号库

类　别	编　号	名称及规格	计量单位	数　量	单位成本	总成本	附注：
	25002	刻模铣床	台	10			
合　计							

二财务存

记账：　　保管：于　洋　　检验：　　制单：

91.7

产品出库单

凭证编号：11009

用途：销售　　2016 年 12 月 20 日　　产成品库：一号库

类　别	编　号	名称及规格	计量单位	数　量	单位成本	总成本	附注：
	25001	普通车床	台	20			
合　计							

二财务存

记账：　　保管：张　通　　检验：　　制单：

91.8

销售产品成本计算表

2016 年 12 月 27 日

产品名称	期初结存			本期完工入库			本期销售		
	数量	单位成本	总成本	数量	单位成本	总成本	数量	单位成本	总成本
普通车床									
刻模铣床									

制表：高艳红　　财务科长：高　林

九、流转税核算

（一）实训辅导（见第八章）

（二）实训资料

“应交税费”账户下的“应交增值税”、“待认证进项税额”的明细账记录。

假定：(1) 除“材料采购”账户期末余额相关的进项税抵扣凭证未经税务机关认证外，其他各项进项税抵扣凭证均已经税务机关认证过；(2) 在税务机关认证的进项税额中，除40#业务购买的用于集体福利的电冰柜、电烤箱的进项税额不得抵扣外，其他各项进项税均允许抵扣。

（三）实训操作

1. 结转待认证进项税额

（1）结转不得抵扣的进项税额。

（2）结转允许抵扣的进项税额。

本期允许抵扣进项税额＝期初“待认证进项税额”账户借方余额＋本期“待认证进项税额”账户借方发生额－本期“待认证进项税额”账户贷方发生额－期末“待认证进项税额”账户借方余额

期末“待认证进项税额”账户借方余额＝期末“材料采购”账户余额×17%

2. 计算确认应交增值税额

允许抵扣的进项税额转入“应交增值税”明细账后，计算本期应交增值税额。

本期应交增值税额＝本期销项税额－（本期进项税额－本期进项税额转出）

＝本期销项税额＋本期进项税额转出－本期进项税额

按照应交增值税计算表(92.1)，计算各应税项目应交增值税额和本期应交增值税总额。表中：销售货物，包括销售产品、原材料和变卖废旧材料；租赁业务，是指不动产经营租赁业务（见 38#业务）。“应交增值税”明细账中的“进项税额”和“进项税额转出”的发生额，全部归集到“销售货物”项目内。

3. 计算增值税的附加税

按照城建税和教育费附加计算表（92.2），计算各应税项目的应交城建税和应交教育费附加。表中：各项目的计税依据为各项目的应交增值税额。

（四）实训作业

（1）完成应交增值税计算表（92.1）、城建税和教育费附加计算表（92.2）

（2）会计处理（92#）

答案：应交增值税总额为 252 089.20 元，应交城建税 17 646.24 元，应交教育费附加 7 562.68 元。

92.1

应交增值税计算表

2016年12月

项　目	销项税额	进项税额转出	进项税额	应交增值税额
	(1)	(2)	(3)	(4) = (1) + (2) - (3)
销售货物				
租赁服务				
合　计				

92.2

城建税和教育费附加计算表

2016年12月

项　目	城建税			教育费附加		
	计税依据	税率	应纳税额	计税依据	税率	应纳税额
销售货物		7%			3%	
租赁服务		7%			3%	
合　计						

十、财务清查

企业通常于每月月末清查一次货币资金（库存现金和银行存款），年终清查实物资产。根据财产清查报告和处理意见进行会计处理。

提示：

（1）现金盘点结果短缺 50 元，金额不大，且短缺原因及责任明确，可随即进行处理，无需通过“待处理财产损溢”科目核算。

（2）盘亏包装箱属于非正常损失，相关进项税不予抵扣。但是，由于其进项税在前期已抵扣了，所以，应当将其转入“进项税转出”专栏：

盘亏包装箱损失 = 实际成本 + 进项税转出

（3）盘亏六角车床已转入报废清理，属漏记账，还在清理中，尚不能确定清理损益。这种情况不属于非正常损失，不存在是否转出其相关进项税问题。

93.1

现金盘点报告单

2016 年 12 月 27 日

日　期	账面余额	实际库存额	长　款	短　款	原　因	处理意见
12.12	540.00	490.00		50.00	多付款	个人赔款

出纳：陈晓艺　　会计：　　财务科长：高　林

93.2

收　　据

附件　张　　2016 年 12 月 28 日　　第 13 号

交款单位：财会科　　交款人：陈晓艺

交　来：库存现金短款的赔款

人民币（大写）：伍拾元整　　¥：50.00

现金收讫

收款单位：　　会计主管人：高　林　　收款人：

94.1

财产清查报告单

2016年12月30日　　No.1201

类别	财产名称规格	单位	单价	账面数量	实物数量	盘盈		盘亏		盈亏原因
						数量	金额	数量	金额	
18002	包装箱	个	400.00	73	71			2	800	待查
合计				73	71			2	800	

二 财务存

财务：　　审批：　　主管：　　保管使用：　　制单：曲　光

94.2

财产清查报告单

2016年12月30日　　No.1202

类别	财产名称规格	单位	单价	账面数量	实物数量	盘盈		盘亏		盈亏原因
						数量	金额	数量	金额	
	六角车床	台	19 000	5	4			1	19 000	待查
合计				5	4			1	19 000	

二 财务存

财务：　　审批：　　主管：　　保管使用：　　制单：曲　光

（注：此设备的累计折旧17 500元）

95

经查实确认盘亏包装箱属于保管不善丢失，盘亏设备已转入报废清理，属漏记账，现批准予以转账。

财务科长：高　林

会　　计：李　环

2016年12月30日

十一、资产期末计量

（一）交易性金融资产期末计量

1. 实训资料

（1）“交易性金融资产”明细账户期初余额（表 2.1）；
（2）本月交易性金融资产增减变动情况（见 6#、73#业务）；
（3）交易性金融资产期末公允价值（96.1）

96.1

交易性金融资产期末公允价值

2016 年 12 月 31 日　　　　单位：元

	数量	价格	公允价值
欧亚股份股票	2 000 股	113.19	226 380
长江债券	540 张	103	55 620
合　计			282 000

制表：　　　　财务科长：

2. 实训作业

完成“交易性金融资产公允价值变动计算表”（96.2），并进行会计处理（96#）。
答案：交易性金融资产公允价值变动合计数为 10 800 元（负数）。

96.2

交易性金融资产公允价值变动计算表

年　　月　　日　　　　单位：元

	期初账户余额	本期增加	本期减少	期末计量前账户余额	期末公允价值	公允价值变动
	（1）	（2）	（3）	（4）＝（1）＋（2）－（3）	（5）	（6）＝（5）－（4）
欧亚股份股票						
长江债券						
合　计						

制表：　　　　财务科长：

提示：“本期增加”数见 6#业务，“本期减少”数见 73#业务。

（二）持有至到期投资期末计量

1. 实训资料（97.1）

1）企业持有公司债券情况

97.1

企业持有公司债券情况

	购入时间	购买价	面值	票面利率	到期日	付息方式
前期购买的债券	2015 年 10 月 11 日	220 000（元）	240 000（元）	8%	2017 年 10 月 11 日	按年分期付息到期还本
新购债券	2016 年 12 月 10 日	540 000（元）	500 000（元）	12%	2018 年 12 月 10 日	按年分期付息到期还本

2）其他资料

前期购买的公司债券，2016 年 12 月初账面余额（期初摊销余成本）为 230 000 元；2015 年 10 月 11 日至 2017 年 9 月 30 日累计确认的应收利息为 37 866.8 元。

2. 实训操作

1）计算债券实际利率

参考答案：前期购买的债券为 13%，本期新购的债券为 7.55%。

2）按月分期摊销债券利息调整

计算公式：

实际利息收入（投资收益）＝期初摊余成本×实际利率÷12

应收利息＝面值×票面利率÷12

利息调整摊销＝应收利息－实际利息收入

期末摊余成本＝期初摊余成本－利息调整摊销

对于新购的债券，首期摊销时不足 1 个月的：

实际利息收入＝期初摊余成本（购买价）×实际利率÷360×天数

应收利息＝面值×票面利率÷360×天数

债券结算期间摊销：

期末摊余成本＝面值

利息调整摊销＝期初摊余成本－面值

应收利息＝面值×票面利率×债券期限（年）

－至结算期月初止累计确认的应收利息

实际利息收入＝应收利息－利息调整摊销

提示：持有至到期投资的实际利率计算方法和利息调整摊销的计算公式来源见第八章。

3. 实训作业

（1）完成债券利息调整摊销计算表（97.2，97.3）。

（2）根据计算结果进行会计处理（97#）。对于前期购买的债券，本期只对 2016 年 12 月的计算结果进行会计处理。

答案：前期购买的债券 2016 年 12 月期末摊余成本为 230 884 元，本期新购债券的期末摊余成为 538 878.25 元。

97.2

债券利息调整摊销计算表（前期债券）

2016 年 12 月 31 日　　单位：元

期　间	期初摊余成本	实际利息收入	应收利息	利息调整摊销	期末摊余成本
2016 年 12 月	230 000				
2017 年 1 月					
2017 年 2 月					
2017 年 3 月					
2017 年 4 月					
2017 年 5 月					
2017 年 6 月					
2017 年 7 月					
2017 年 8 月					
2017 年 9 月					
2017 年 10 月 1～11 日					
合　计					

制表：　　财务科长：

97.3

债券利息调整摊销计算表（本期新债券）

年　月　日　　单位：元

期　间	期初摊余成本	实际利息收入	应收利息	利息调整摊销	期末摊余成本
2016 年 12 月 10～31 日					

制表：　　财务科长：

（三）长期股权投资期末计量

1. 期末计量原则

相关准则规定，在活跃市场中没有报价且其公允价值不能可靠计量的权益工具投资，或与该权益工具挂钩并须通过交付该权益工具结算的衍生金融资产发生减值时，应当将该权益工具投资或衍生金融资产的账面价值，与按照类似金融资产当时市场收益率对未来现金流量折现确定的现值之间的差额，确认为减值损失，计入当期损益。减值损失确认后，在以后期间不得转回。

2. 实训资料

（1）该项长期股权投资发生了相关准则中所列举的减值迹象，即“权益工具投资的公允价值发生严重非暂时性下跌”。

（2）预计长期股权投资未来 5 年的现金流量，见长期股权投资未来现金流量现值计算表（98）。

（3）假定当前类似金融资产的市场收益率为 15%。

3. 实训操作

计算长期股权投资未来 5 年的每年现金流量现值和总现值，计算确认减值损失。

应确认减值损失＝账面价值－预计未来现金流量总现值

4. 实训作业

完成长期股权投资未来现金流量现值计算表，并进行会计处理（98#）

答案：应确认长期股权投资减值损失 6 964.2 元。

98

长期股权投资未来现金流量现值计算表

年　月　日　　　　单位：元

	概率	2017 年	2018 年	2019 年	2020 年	2021 年
经营好	0.30	60 000	50 000	55 000	60 000	375 000
经营一般	0.50	50 000	40 000	45 000	55 000	365 000
经营不好	0.20	40 000	30 000	35 000	45 000	350 000
加权平均值						
折现系数		0.869 6	0.756 1	0.657 5	0.571 8	0.497 2
现值						

制表：　　　　财务科长：

（四）存货期末计量

1. 相关规定

《企业会计准则第 1 号——存货》规定，在资产负债表日，存货应当按照成本与可变现净值孰低计量。存货可变现净值低于成本的，应当按其差额计提存货跌价准备；存货可变现净值高于成本的，仍按成本计量。原来已经提取存货跌价准备的，本期可变现净值高于成本即表明存货价值有所恢复，可以在原已提跌价准备金额内转回。但是，转回的条件是价值恢复是由于以前减记存货价值的影响因素已经消失，而不是其他因素导致价值恢复。

存货可变现净值，应根据存货类别，区分不同情况确定。

（1）对于商品、产成品和用于出售的材料等商品存货（称待售存货），可变现净值按以下公式计算确定：

可变现净值＝估计存货售价－估计销售费用和相关税费 （1）

（2）对于为生产而持有的材料存货（称待用或待耗存货），可变现净值按以下公式计算确定：

可变现净值＝用该材料所生产的产成品的估计售价－估计完工成本
－估计销售费用和相关税费 （2）

公式（2）中的“估计完工成本”是指将该材料加工成产成品所需发生的加工成本；“估计销售费用和相关税费”是指用该材料生产的产成品的估计销售费用和相关税费。

该准则规定，“为执行销售合同或者劳务合同而持有的存货，其可变现净值应当以合同价格为基础计算”。“企业持有存货的数量多于销售合同订购数量的，超出部分的存货的可变现净值应当以一般销售价格为基础计算”。

该准则规定，“为生产而持有的材料等，用其生产的产成品的可变现净值高于成本的，该材料仍然应当按照成本计量；材料价格的下降表明产成品的可变现净值低于成本的，材料应当按照可变现净值计量。”也就是说，如果用该材料所生产的产成品未发生减值，无论该材料价格是多少，是高于成本还是低于成本，都不需要确定其可变现净值，期末仍按成本计量；只有在材料价格下降、用其生产的产成品的可变现净值低于成本的情况下，该材料才应当按照可变现净值计量，进行减值处理。

2. 存货期末计量程序

存货期末计量程序如图 5.2 所示。

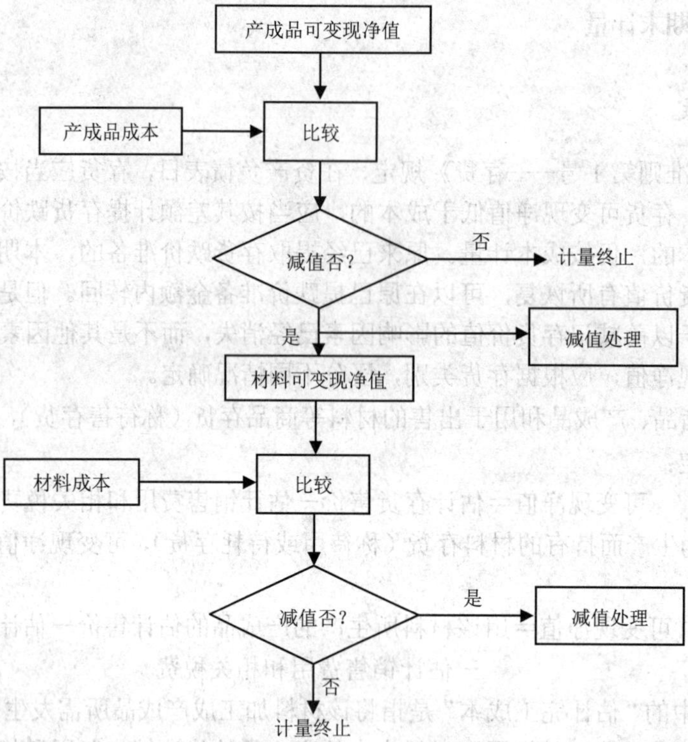

图 5.2　存货期末计量程序

说明：该程序图是原来没有计提存货跌价准备情况下的存货期末计量流程图，如果存货未发生减值，即停止计量，不作会计处理。在存货已经计提了跌价准备的情况下，如果存货本期没有继续跌价或价值有所恢复，应根据价值恢复原因确定是否要进行会计处理。价值恢复原因是以前减记存货价值的影响因素消失的，应进行会计处理，转回已计提的存货跌价准备（全部或部分）；价值恢复是由其他影响因素产生的，则不进行会计处理。

3. 实训资料

（1）金华公司的存货期末计量方法采用分类法，即分别对库存产品、库存材料等进行减值测试，上期末只对库存产品计提了存货跌价准备 38 000 元。

（2）本企业库存产品都不属于销售合同订购的存货，库存产品数量为 83 台，以当期产品售价为基础计算其可变现净值。当期平均单位产品售价为 36 600 元。

（3）其他资料

本期发生销售费用 38 770.47 元，税金及附加 25 208.92 元，销售普通车床和刻模铣床共计 55 台。

4. 实训操作

计算库存产品可变现净值，与其成本比较，判断是否继续减值或价值恢复。

提示：如果没有继续减值，无需对其他存货进行减值测试；如果价值有所恢复，应转回原已计提的存货跌价准备，转回的“准备”金额按以下公式确定：

应转回存货跌价准备=min[可变现净值减去成本后的余额（差额），
转回前“存货跌价准备”余额]

转回前“存货跌价准备”账户余额=期初存货跌价准备余额
-本期已结转的存货跌价准备金额

5. 实训作业

（1）完成库存产品可变现净值计算表。
（2）根据计算机结果，进行会计处理（99#）。
答案：库存产品价值已恢复，应转回存货跌价准备金额为7 194.2元。

99

库存产品可变现净值计算表

2016年12月31日　　单位：元

产品数量	销售单价	单位产品销售费用及税费	估计产品售价	估计销售费用及税费	可变现净值	产品成本	差额
（1）	（2）	（3）	（4）＝（1）×（2）	（5）＝（1）×（3）	（6）＝（4）－（5）	（7）	（8）＝（6）－（7）

制表：　　财务科长：

（五）固定资产期末计量

1. 相关规定

《企业会计准则第 8 号——资产减值》规定，固定资产按账面价值与可收回金额孰低计量。可收回金额抵于账面价值的，按其差额确认减值损失，计提减值准备；可收回金额高于账面价值的，仍按照面价值计量。资产减值损失一经确认，在以后会计期间不得转回。

可收回金额＝max[资产公允价值减去处置费用后的净额，资产预计未来现金流量现值]

2. 实训资料

本企业在前期已对磨齿机和未使用固定资产计提了减值准备，本期应检查其是否继续减值。

（1）磨齿机：原价 39 000 元，已提累计折旧 9 000 元，已提减值准备 5 000 元，期末公允价值为 28 000 元，估计处置费用 500 元。

（2）未用固定资产：原价 474 500 元，已提累计折旧 100 000 元，已提减值准备 63 000 元，期末公允价值 302 500 元，估计处置费用为 30 000 元。

3. 实训作业

（1）完成固定资产减值测试计算表（100），判断是否继续减值。

（2）会计处理（100#）

如继续减值，按账面价值与可收回金额之差额进行会计处理。

提示：磨齿机是不需用固定资产，和未使用固定资产一样，在未来持有期间均不产生营业现金流量，其可收回金额只能按照公允价值减去处置费用后的净额确定。

答案：磨齿机未继续减值，未使用固定资产继续减值 39 000 元。

（六）无形资产末计量

1. 相关规定，与固定资产相（内容略）

2. 实训资料

本企业以前购买的专利已落后，应予淘汰。该专利原价 30 000 元，已摊销 10 250 元，前期未计提减值准备，估计公允价值为 14 000 元，预计未来出售时可能发生技术培训和调试费用 600 元。

3. 实训作业

（1）完成无形资产减值测试计算表（101）。

（2）会计处理（101#）

如发生减值，按减值损失金额进行会计处理。

答案：发生减值损失 6 350 元。

（七）应收账款

本期应提取的坏账准备＝按应收账款余额计算应提取的坏账准备
－提取前“坏账准备”贷方余额（＋借方余额）

实训作业：完成坏账准备计算表（102），并进行会计处理（102#）。

答案：本期应提取的坏账准备为 2 795 元（负数）。

100

固定资产减值损失计算表

年　月　日　　　　单位：元

资产	原价	已提累计折旧	已提减值准备	账面价值	可收回金额	差额	确认是否减值
	（1）	（2）	（3）	（4）＝（1）－（2）－（3）	（5）	（6）＝（4）－（5）	
磨齿机							
未使用固定资产							
合　计							

制表：　　　　财务科长：

101

无形资产减值测试计算表

年　月　日　　　　单位：元

资产	原价	累计摊销	账面价值	可收回金额	差额	确认是否减值
	（1）	（2）	（3）＝（1）－（2）	（4）	（5）＝（3）－（4）	
专利权						

制表：　　　　财务科长：

102

坏账准备计算表

年　月　日

应收账款余额 （1）	提取比例 （2）	坏账准备计算数 （3）＝（1）×（2）	提取前坏账准备贷方余额 （4）	应提取的坏账准备 （5）＝（3）－（4）
	5%			

制表：　　　　财务科长：

十二、利润总额核算

（一）实训资料

根据本期损益类账户发生额计算本期利润总额（即税前会计利润）。至此，应完成1#～102#经济业务的全部会计核算实训操作，包括记账凭证和科目汇总表的编制、明细账和总账的登记等，并结出有关损益类账户本期发生额合计数。

（二）实训作业

1）完成利润总额计算表（103）

本期利润总额＝本期收入类账户贷方“余额”合计

－本期成本费用类账户借方“余额”合计

提示：表中“余额”是指借方发生额与贷方发生额的差额，并非是账面上的余额。借方发生额大于贷方发生额的，差额为借方余额；借方发生额小于贷方发生额的，差额为贷方余额。

2）会计处理（103#）

答案：本期利润总额为 768 018.81 元。

103

利润总额计算表

2016 年 12 月 31 日　　　　单位：元

账户		借方	贷方	借或贷	余额
收入类账户	主营业务收入				
	其他业务收入				
	投资收益				
	营业外收入				
	公允价值变动损益				
	合　计				
成本费用类账户	主营业务成本				
	其他业务成本				
	营业税金及附加				
	销售费用				
	管理费用				
	财务费用				
	营业外支出				
	资产减值损失				
	合　计				
本年利润					

十三、所得税核算

本企业执行《企业会计准则》，按照《企业会计准则第 18 号——所得税》规定，采用应付税款法和资产负债表债务法核算所得税。

（一）实训辅导（见第九章）

（二）实训资料

1. 第二章期初账户余额表（表 2.1）和损益类账户累计发生额（表 2.2）

2. 日常会计核算和期末业务核算中相关账户本期发生额。与相关账户发生额有关的经济业务编号如下

（1）“交易性金融资产——公允价值变动”账户：73#、96#
（2）“坏账准备”账户：20#、29#、102#
（3）“存货跌价准备”账户：91#、99#
（4）“长期股权投资减值准备”账户：98#
（5）“固定资产减值准备”账户：100#
（6）“无形资产减值准备”账户：101#
（7）“预计负债”账户：82#、83#
（8）“营业外收入”账户：50#（技术转让业务）
（9）“投资收益——股票投资收益”账户：73#
（10）“应收股利”账户：76#

3. 其他有关资料

（1）本企业 2016 年职工教育经费支出超过全年工资薪金总额 2.5%，超过部分为 20 000 元。税法规定，企业职工教育经费支出不超过工资薪金总额 2.5%的部分，准予扣除；超过部分，准予在以后的纳税年度内结转扣除。

（2）在 73#业务中，本企业和公开发行股票并上市的公司均为居民企业，本企业出售该股票前已连续持有时间超过 12 个月，所取得的投资收益符合免税规定（见第九章）。

（3）在 76#业务中，2016 年 12 月 29 日收到被投资单位时代电子公司分配的现金股利，本企业已在 2016 年 11 月 15 日将应取得的该现金股利确认为投资收益。时代电子公司也是居民企业。已确认该项投资收益也符合免税规定（见第九章）。

（4）本期利润总额（税前会计利润）为 768 018.81 元。

假定：（1）本企业有关资产、负债的账面价值与其计税基础之间的暂时性差异，符合确认其相关的递延所得税负债或资产的条件。

（2）预计本企业未来期间适用所得税率不会变动，仍等于现行所得税率 25%。

（3）不考虑固定资产在计提减值准备后的剩余折旧年限内产生的折旧差异。

（三）操作程序

按照《企业会计准则第 18 号——所得税》规定，核算所得税的程序如图 5.3 所示。

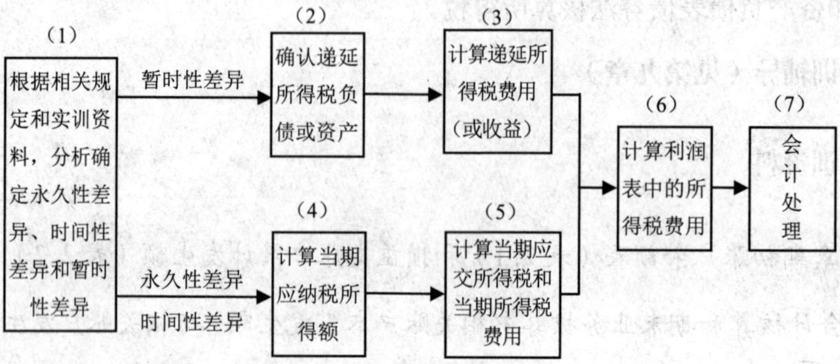

图 5.3　所得税核算流程

（四）实训操作

第一步，确定会计与税法的差异

1. 确定暂时性差异

根据实训资料和第九章有关计算公式，按照所得税计算表（一）逐项计算确定暂时性差异。

提示：如果在所得税核算之前已完成相关账户记录并结出期末余额，可根据相关账户的期初和期末余额计算，或根据其本期发生额计算；如果尚未完成相关账户记录，可根据相关业务的记账凭证（或会计分录）进行计算。

答案：本期应纳税暂时性差异增加额为 18 800 元（负数），本期可抵扣暂时性差异增加额为 82 714.2 元。

2. 确定永久性差异和时间性差异

1）根据资料（8）、（9）、（10）和其他资料（3），分析确定永久性差异

2）根据暂时性差异确定时间性差异

本期应纳税时间性差异增加＝本期应纳税暂时性差异增加

本期可抵扣时间性差异增加＝本期可抵扣暂时性差异增加

将确定的永久性差异和时间性差异填入所得税计算表（二）。

答案：永久性差异合计为 74 500 元（纳税调减）；本期应纳税时间性差异增加额为 18 800 元（负数），本期可抵扣时间性差异增加额为 82 714.2 元。

第二步，确认递延所得税负债（或资产）和递延所得税费用

按照所得税计算表（三）进行计算。

本期应确认递延所得税负债＝本期应纳税暂时性差异增加×25%

本期应确认递延所得税资产＝本期可抵扣暂时性差异增加×25%

递延所得税费用＝本期应确认递延所得税负债－本期应确认递延所得税资产

提示：由期初账户余额表（表 2.1）可知，上期产生的暂时性差异均已确认其相关的递延所得税负债或资产，所以，只需要根据本期暂时性差异增加额确认递延所得税负债或资产。

答案：应确认递延所得税负债为 4 700 元（负数），应确认递延所得税资产合计为 20 678.55 元，递延所得税费用为 25 378.55 元（负数）。

第三步：计算当期应交所得税和当期所得税费用

按照所得税计算表（四）计算，根据所得税计算表（二）确定纳税调增额和纳税调减额。

提示：

（1）本期应纳税时间性差异增加：正数，纳税调减；负数，纳税调调增。

（2）本期可抵扣时间性差异增加：正数，纳税调增；负数，纳税调减。

（3）由于一般企业所得税核算只在每年年终进行，所以本期和全年纳税调整额应一致。

当期应交所得税＝应纳税所得额×25%

当期所得税费用＝当期应交所得税

全年利润总额（税前会计利润）＝本期利润总额＋1～11 月累计利润总额

1～11 月累计利润总额＝“本年利润”账户 12 月初余额＋1～11 月累计所得税费用

应补（退）所得税额＝本期应交所得税－12 月初“应交所得税”借方余额

答案：本期应交所得税额为 198 758.25 元，全年应交所税额为 658 964.91 元，应补缴所得税额为 49 526.65 元。

第四步，计算所得税费用

按照所得税计算表（五）进行计算。

所得税费用＝当期所得税费用＋递延所得税费用

答案：本期所得税费用为 173 379.7 元，全年所得税费用为 633 586.36 元。

（五）实训作业

（1）完成所得税计算表（一）、（二）、（三）、（四）、（五）。

（2）根据计算结果进行会计处理（104#）。

说明：（1）所得税计算表（一）、（二）、（三）中，“公允价值变动”是指“交易性金融资产——公允价值变动”账户；（2）其他项目，是指职工教育经费支出超过工资薪金总额 2.5%的部分。

104.1　所得税计算表（一）

年　　月　　日　　　　单位：元

账户（项目）	期初余额		本期发生额		期末余额		本期应纳税暂时性差异增加	本期可抵扣暂时性差异增加
	借方	贷方	借方	贷方	借方	贷方		
公允价值变动								
坏账准备								
存货跌价准备								
长期股权投资减值准备								
固定资产减值准备								
无形资产减值准备								
预计负债								
其他项目								
合　计								

制表：　　　　　　　　财务科长：

104.2　所得税计算表（二）

年　　月　　日　　　　单位：元

项目	永久性差异		本期应纳税时间性差异增加	本期可抵扣时间性差异增加
	纳税调增	纳税调减		
公允价值变动				
坏账准备				
存货跌价准备				
长期股权投资减值准备				
固定资产减值准备				
无形资产减值准备				
预计负债				
技术转让所得				
权益性投资收益				
其他项目				
合　计				

制表：　　　　　　　　财务科长：

104.3　所得税计算表（三）

年　　月　　日　　　　　　　　　　　　单位：元

项目	本期应纳税暂时性差异增加	本期可抵扣暂时性差异增加	税率	应确认递延所得税负债	应确认递延所税资产
公允价值变动			25%		
坏账准备			25%		
存货跌价准备			25%		
长期股权投资减值准备			25%		
固定资产减值准备			25%		
无形资产减值准备			25%		
预计负债			25%		
其他项目			25%		
合　计					
	递延所得税费用＝				

制表：　　　　　　　　　　　　　　财务科长：

104.4　所得税计算表（四）

年　　月　　日　　　　　　　　　　　　单位：元

项　目	本　月	全　年
税前会计利润		
加：纳税调增额		
减：纳税调减额		
应纳税所得额		
所得税率	25%	25%
当期应交所得税		
当期所得税费用		
应补（退）所得税额		

制表：　　　　　　　　　　　　　　财务科长：

104.5　所得税计算表（五）

年　　月　　日　　　　　　　　　　　　单位：元

项　目	本　月	全　年
当期所得税费用		
递延所得税费用		
所得税费用		

制表：　　　　　　　　　　　　　　财务科长：

十四、利润分配

（一）净利润计算

本月净利润＝本月利润总额－本月所得税费用

＝“本年利润”账户本月贷方发生额－“本年利润”账户本月借方发生额

本年净利润＝本月净利润＋1～11 月累计净利润

＝本月净利润＋“本年利润”账户 12 月初余额

答案：本月净利润为 594 639.11 元，本年净利润为 1 975 259.09 元。

（二）净利润分配

（1）提取盈余公积

提取法定盈余公积＝本年净利润×10%

提取任意盈余公积＝本年净利润×5%

（2）向股东分配利润

可供分配利润＝本年净利润＋年初未分配利润

可供股东分配的利润＝可供分配利润－提取盈余公积

分配给股东的利润总额＝可供股东分配的利润×50%

各股东分配额＝分配给股东的利润总额×分配比例

$$\text{分配比例}=\frac{\text{该股东投资在“实收资本”中所占的份额}}{\text{实收资本加权平均总额}}\times\frac{\text{该股东持股时间（天）}}{\text{报告期时间（天）}}$$

$$\text{实收资本加权平均总额}=\text{年初实收资本}+\text{当年实收资本增加}\times\frac{\text{已投入时间（天）}}{\text{报告期时间（天）}}-\text{当年实收资本减少}\times\frac{\text{已回购时间（天）}}{\text{报告期时间（天）}}$$

提示：（1）“利润分配——未分配利润”账户 12 月初余额，即为年初未分配利润。

（2）一年按 365 天计，本企业 2016 年 1～11 月实收资本无变化（分配比例计算精确到小数点后四位）。

（三）实训作业（105#）

完成利润分配计算表（105.1）和利润分配表（105.2），并进行会计处理（105#）。

（1）将“本年利润”账户期末余额全部结转“利润分配——未分配利润”。（“本年利润”账户期末余额即为全年净利润。）

（2）根据“利润分配计算表”中的各项分配额，编制记账凭证，登记入账。

（3）将记入“盈余公积”、“应付股利”科目中的利润分配额结转“利润分配——未分配利润”科目。

答案：提取法定盈余公积和任意盈余公积合计为 296 288.86 元，分配给股东利润总额为 913 045.12 元。

105.1

利润分配计算表

年 月 日 单位：元

分配项目		分配基数	分配比例	分配额
提取法定盈余公积				
提取任意盈余公积				
小 计				
向股东分配利润	顺达集团			
	银鸽公司			
	恒宇公司			
	机床附件厂			
	小 计			
合 计				

制表： 财务科长：

105.2

利润分配表

年 月 日 单位：元

项 目	本年实际	上年实际
一、净利润		
加：年初未分配利润		
二、可供分配的利润		
减：提取法定盈余公积		
提取任意盈余公积		
三、可供股东分配的利润		
减：应付普通股股利		
四、未分配利润		

制表： 财务科长：

十五、对账与结账

（一）对账

在会计实务中，对账包括：证证核对（记账凭证与原始凭证核对）、账证核对（账簿记录与记账凭证核对）、账账核对（各种账簿记录相互核对）、账实核对（账簿记录与资产实存数核对）。其中，证证核对、账证核对，在日常会计核算中随时进行，账账核对在月末进行，账实核对一般在年末（或半年末）进行。

1. 总账核对

将 1#～105#经济业务的所有会计事项全部登记入账后，结出各总账账户及其明细账户的本期借方、贷方发生额合计和期末余额，并将各总账账户借方、贷方发生额合计和期末余额填入“账户平衡表”，检查各总账账户之间是否平衡。（账户平衡表见第四部分“实训作业用表”）

账户平衡表中“借方科目”是指期末余额通常在借方的科目，“贷方科目”是指期末余额通常在贷方的科目。如果总账记录正确，账户平衡表的下列平衡公式应当成立：

借方科目期初余额合计＝贷方科目期初余额合计

全部科目的借方发生额合计＝全部科目的贷方发生额合计

借方科目期末余额合计＝贷方科目期末余额合计

但是，要注意：有时即使上述平衡公式成立还不能说明总账记录就正确无误，因为账户平衡表不能检查出不影响账户平衡关系的错误。在实训时，学生应当相互对账。

2. 总账与明细账核对

总账核对后，再进行总账与明细账的核对、上下级明细账之间核对。核对方法采用逐级递阶方法，即总账账户与一级明细账账户核对，一级明细账账户与二级明细账账户核对，二级明细账账户与三级明细账账户核对，等等。检查上下级账户之间的期末余额是否相符，下一级账户余额合计数应等于其上一级账户余额。

3. 总账与日记账核对

总账与日记账的核对，可在总账核对之前或之后进行。

在会计实务中，应先与开户行对账，将本企业的银行存款日记账与银行对账单核对。如果存在未达账项致使双方余额不相等，应编制银行存款余额调节表，调节双方余额。如果调整后双方余额相等，表明双方记账没有错；如果调整后双方余额仍不一致，说明企业或开户银行在记账过程中可能存在错误，应查错更正。

（二）结账

全部账户记录经检查核对确认正确无误后，最后进行结账，画结账标志。结账包括月结和年结，月结时，在“本月合计”行上、下各画 1 条红线；年结时；在“本年合计”行上方画 1 条红线，下方画 2 条红线。年结时，对期末有余额的账户，将其余额结转下年。

第六章　编制财务报表

实训要求：学生必须完成资产负债表和利润表的编制。现金流量表和所有者权益变动表的编制，各校可根据情况选做。

一般企业的财务报表的式样见第四部分实训作业用表。

一、编制资产负债表

资产负债表中的各项资产、负债项目的金额，按照其账面价值填列。

（一）年初余额栏的填列方法

“年初余额”栏内各项数字，根据上年末资产负债表“期末余额”栏内所列数字填列。如果上年度资产负债表的各项名称和内容同本年度不相一致，应按本年度的规定进行调整。

（二）期末余额栏的填列方法

资产负债表“期末余额”栏的数字，是反映资产、负债、所有者权益各个项目的期末账面价值。具体填列方法如下：

（1）根据总账账户余额直接填列。如“交易性金融资产”、“短期借款”、“应付票据”、“应付职工薪酬”等项目。

（2）根据几个总账账户余额计算填列。如“货币资金”项目，需根据“库存现金”、“银行存款”、“其他货币资金”3个总账账户余额的合计数填制。

（3）根据明细账户余额计算填列。如“应付账款”项目，需根据“应付账款”、“预付账款”两个账户所属的相关明细账户的贷方余额计算填列；“应收账款”项目，需根据“应收账款”、“预收账款”两个账户所属的相关明细账户的借方余额计算填列。对于“应收账款”项目，还要按以下第4条确定填列。

提示：本企业“预付账款”明细账中无贷方余额，“预收账款”明细账中无借方余额；“预付账款”和“预收账款”项目，应分别按照“预付账款”账户借方余额、“预收账款”贷方余额填列。

（4）根据有关账户余额减去其备抵账户余额后的净额填列。如“应收账款”项目，应根据“应收账款”账户余额减去“坏账准备”账户余额后的净额填列；“固定资产”项目，应根据“固定资产”账户余额减去“累计折旧”、“固定资产减值准备”账户余额后的净额填列；“无形资产”项目，应根据“无形资产”账户余额减去“累计摊销”、“无形资产减值准备”账户余额后的净额填列等。

（5）根据总账账户和明细账户余额分析计算填列。如“长期借款”项目，需根据“长期借款”总账账户余额扣除其所属明细账户中将在一年内到期、且企业不能自主地将清偿义务展期的长期借款后的金额计算填列。

提示：“持有至到期投资”明细账户中，前期购买的债券到期日为2017年10月11

日，期末余额为 230 884 元，应填入“一年内到期的非流动资产”项目。

（6）根据相关几个总账账户余额的分析汇总数减去备抵账户余额后的净额填列。如“存货”项目，需根据“原材料”、“库存商品”、“周转材料”、“材料采购”、“材料成本差异”、“生产成本”等总账账户期末余额的分析汇总数，再减去“存货跌价准备”账户余额后的净额填列。

（7）“应交税费”账户下涉及增值税的明细账户余额，应按照《增值税会计处理规定》列示。

《增值税会计处理规定》：“应交税费”科目下的“应交增值税”、“未交增值税”、“待抵扣进项税额”、“待认证进项税额”、“增值税留抵税额”等明细科目期末借方余额应根据情况，在资产负债表中的“其他流动资产”或“其他非流动资产”项目列示；“应交税费——待转销项税额”等科目期末贷方余额应根据情况，在资产负债表中的“其他流动负债”或“其他非流动负债”项目列示；“应交税费”科目下的“未交增值税”、“简易计税”、“转让金融商品应交增值税”、“代扣代交增值税”等科目期末贷方余额应在资产负债表中的“应交税费”项目列示。

注意：资产负债表，只填列“期末金额”，“年初余额”不填（因缺乏年初余额资料，第二章期初账户余额是指 2016 年 12 月初的账户余额）。

二、编制利润表

（一）上期金额栏的填列方法

“上期金额”栏内各项数字，应根据上年该期利润表“本期金额”栏内所列数字填列。上年度该期利润表各项目的名称和数字同本期不相一致，应按本期的规定进行调整。

（二）本期金额栏的填列方法

“本期金额”栏内各项数字，应根据损益类账户的本期发生额分析填列。

“每股收益”项目不填。

综合收益总额＝净利润＋其他综合收益的税后净额

说明：

（1）其他综合收益，是指企业根据其他相关会计准则规定未在当期损益中确认的各项利得或损失。其他综合收益项目，应当根据其他相关会计准则的规定分为下列两类列报：

① 以后会计期间不能重分类进损益的其他综合收益项目。主要包括重新计量设定受益计划净负债或净资产导致的变动、按照权益法核算的在被投资单位以后会计期间不能重分类进损益的其他综合收益变动中所享有的份额等。

② 以后会计期间在满足规定条件时将重分类进损益的其他综合收益项目。主要包括按照权益法核算的在被投资单位以后会计期间在满足规定条件时将重分类进损益的其他综合收益变动中所享有的份额、可供出售金融资产公允价值变动形成的利得或损失、持有至到期投资重分类为可供出售金融资产形成的利得或损失、现金流量套期工具产生的利得或损失中属于有效套期的部分、自用房地产或作为存货的房地产转换为以公允价值模式计

量的投资性房地产在转换日公允价值大于账面价值部分等。

（2）综合收益，是指企业在某一期间除与所有者以其所有者身份进行的交易之外的其他交易或事项所引起的所有者权益变动。综合收益总额项目，反映净利润和其他综合收益扣除所得税影响后的净额相加后的合计金额。

提示：在使用本教材进行的会计综合实训中，不存在其他综合收益项目，综合收益总额等于净利润。

三、编制所有者权益变动表

（一）上年金额栏的填列方法

“上年金额”栏内各项数字，应根据上年度所有者权益变动表“本年金额”栏内所列数字填列。如果上年度所有者权益变动表规定的各个项目的名称和内容同本年度不相一致，应按本年度的规定进行调整。

（二）本年金额栏的填列方法

“本年金额”栏内各项数字，应根据“实收资本（或股本）”、“资本公积”、“盈余公积”、“利润分配”、“库存股”、“以前年度损益调整”账户的发生额分析填列。

说明：由于在第二章实训资料中未给出资产负债表“年初余额”、利润表和现金流量表的“上期金额”、所有者权益变动表的“上年金额”，所以，在编制财务报表时，只要求填列资产负债表各项目的“期末余额”、利润表和现金流量表各项目的“本期金额”、所有者权益变动表各项目的“本年金额”。

四、编制现金流量表

（一）概述

现金流量表，是指反映企业在一定会计期间现金和现金等价物流入和流出的报表。现金流量表中的现金，是指包括库存现金、银行存款（不能随时支取的定期存款除外）、其他货币资金的货币资金；现金流量表中的现金等价物，是指企业持有的期限短、流动性强、易于转化为已知金额的现金、价值变动风险很小的短期投资，通常是指 3 个月或更短时间内即到期或即转换为现金的短期投资，如交易性金融资产中的债券投资。但是，光华公司交易性金融资产中债权投资到期日不明，不作为现金等价物对待。股票投资风险大，不符合现金等价物的定义。

现金流量表包括主表和补充材料两个部分。

1. 主表

现金流量表的主表，采用直接法编制。具体编制现金流量表时，可以采用工作底稿法和 T 型账户法，也可以采用直接根据有关科目记录分析填列法。工作底稿法和 T 型账户法的基本程序大体相同，比较科学，但较为复杂，工作量大。直接根据有关科目记录分析填列法（简称直接分析填列法），是编制现金流量表的一种最直接的方法，比较简单，关键在于对有关科目记录的分析要准确，否则，容易出错，需要通过必要的调整才能达到和工作底稿法相同的结果。

2. 补充材料

现金流量表的附注，即补充材料，采用间接方法编制，将本期净利润调整为经营活动现金流量净额。

（二）实训操作

实训要求：采用直接分析填列法编制现金流量表，只编制现金流量表主表。

在实务中，采用直接分析填列法，具体做法有两种。第一种做法，对货币资金各账户（库存现金、银行存款、其他货币资金）的本期发生额进行分析辨认，将各项现金流量金额归属于相应的现金流量表项目中去，对号入座，逐项填入“现金流量表项目金额统计表”；然后，根据该表填制现金流量表。第二种做法，是在日常会计核算时，按现金流量表项目建立台账，到期末根据台账记录编制现金流量表。在会计综合实训中，可采用第一种做法。

采用直接分析填列法，首先要弄清以下两个概念。

（1）现金的界定，即要确定现金和现金等价物的范围。

（2）影响现金流量变动的因素。影响现金流量变动的因素是现金各项目与非现金各项目之间的增减变动，也就是说，现金流量存在于现金项目与非现金项目之间，在现金项目与现金项目之间，非现金项目与非现金项目之间，不产生现金流量。（现金项目，是指库存现金、银行存款、其他货币资金、现金等价物）

采用直接分析填列法编制现金流量表的具体操作步骤如下。

1. 编写现金流量表项目金额统计表

现金流量表项目金额统计表见第四部分实训作业用表。

（1）首先，对现金和银行存款的收款凭证、付款凭证，按前后顺序，逐项进行分析，将发生的收入或支出的现金流量金额“对号入座”，逐项填入统计表相应的项目栏内。在统计表的“记账凭证”栏内，可填写会计分录号或经济业务号。

（2）然后，对含有“其他货币资金”科目的转账凭证，按前后顺序，逐项进行分析，将发生的收入或支出的现金流量金额“对号入座”，逐项填入统计表相应的项目栏内。

提示：金华公司 2016 年 12 月无现金等价物，在发生的经济业务中，涉及库存现金、银行存款、其他货币资金的经济业务有 61 项，即 1#、2#、3#、6#、8#、10#、11#、13#、14#、15#、17#、18#、19#、20#、21#、22#、24#、25#、26#、27#、30#、31#、33#、34#、35#、36#、37#、38#、39#、40#、41#、42#、44#、45#、46#、48#、49#、50#、51#、52#、53#、54#、55#、56#、57#、59#、60#、63#、65#、66#、67#、68#、69#、70#、71#、72#、73#、74#、76#、78#、93#。

在填列现金流量表项目金额统计表时，应注意以下几点：

（1）2#、46#业务中支付的运输费，应记入"购买商品、接受劳务支付的现金"项目。

（2）18#、37#业务支付的代垫医疗费，应记入"支付的其他与经营活动有关的现金"项目。

（3）46#业务支付的多余货款，应记入"销售商品、提供劳务收到的现金"项目，以减项填列。

（4）57#业务收回行政科备用金、69#业务收回出差退款，应记入"支付的其他与经营活动有关的现金"项目，以减项填列。

（5）42#、63#业务支付的清理费用，应记入"处置固定资产、无形资产及其他长期资产收回的现金净额"项目，以减项填列。

（6）59#业务中，记入"管理费用"账户中的水费，应记入"支付的其他与经营活动有关的现金"项目。

（7）66#业务支付的房租和托儿费，应记入"支付给职工及为职工支付的现金"项目。

（8）67#业务支付的应付融资租赁费，属于筹资活动现金流量，应记入"偿还债务支付的现金"项目。

（9）"财务费用"中的手续费支出属于经营活动现金流量；利息支出属于筹资活动现金流量。涉及手续费支出的经济业务有2#、33#、44#、46#。

2. 编制现金流量表

将"现金流量表项目金额统计表"中的各项目金额，过入现金流量表中，并计算出各类现金流入小计、流出小计及各类现金流量净额。最后，计算出"现金及现金等价物净增加额"：

现金及现金等价物净增加额＝经营活动产生的现金流量净额
＋投资活动产生的现金流量净额
＋筹资活动产生的现金流量净额

只要求编制现金流量表主表，补充材料（附注）可不编制。

3. 检查现金流量表的正确性

现金流量表编好后，要检查其正确性。如果所编制的现金流量表正确，在没有现金等价物情况下，下列等式应当成立：

现金及现金等价物净增加额＝"货币资金"项目期末数－"货币资金"项目期初数

如果该等式不成立，应查错更正，直至该等式成立，才算完成了现金流量表的编制。

采用工作底稿法和直接分析填列法编制现金流量表，其结果是相同的，即"现金及现金等价物净增加额"相等，而且"经营活动产生的现金流量净额"、"投资活动产生的现金流量净额"、"筹资活动产生的现金流量净额"也分别相等，只是经营活动产生的现金流量项目中，有些项目的计算结果可能有差异，但不影响会计信息质量。

第三部分

企业会计综合实训辅导

第七章　日常会计核算实训辅导

一、采购等业务进项税额的会计处理

根据《增值税会计处理规定》，增值税一般纳税人发生的各项进项税额，包括允许抵扣和不得抵扣的进项税额，在发生时一律记入“应交税费——待认证进项税额”科目（借方），待认证后再结转相关科目（详见第八章）。

二、与销售业务相关的运输费用的处理（2#、46#业务）

企业在销售商品过程中发生的运输费用，应区分以下不同情况进行处理。

1. 运费由企业自己承担

企业委托运输单位发运所售货物给购货单位的，在支付运费并取得相应的增值税专用发票时，应作如下会计处理。例如，支付的运费为 3 200 元（含税）。

借：销售费用　　2 882.88

　　应交税费——待认证进项税额　　317.12

　贷：银行存款　　3 200

《营改增试点实施办法》规定，运输企业的增值税率为 11%。

2. 运费由购货单位承担

运费由购货单位承担的，又可分为以下两种情况。

（1）企业以自己名义委托运输单位将所售货物发运给购货单位

企业在支付运费并取得运输单位开具给自己的增值税专用发票后，确认应向购货单位收取的该项运费（含税）作为“价外费用”处理，计入销售额计算销项税额。

销项税额＝运费（含税）÷（1＋增值税率）×增值税率

其增值税率与所售货物增值税率相同。

例如，某企业销售一批商品给 A 公司，增值税率为 17%，采用托收承付方式结算。所售商品委托当地铁路部门发运给 A 公司，发生运费 3 200 元（含税），销售合同约定由 A 公司承担。该企业应作如下会计处理。

①向运输部门支付运费时：

借：其他业务成本——运费支出　　2 882.88

　　应交税费——待认证进项税额　　317.12

　贷：银行存款　　3 200

②办理托收承付手续，确认应收取该项运费时：

借：应收账款——A 公司　　3 200

贷：其他业务收入——运费收入　　2 735.04

应交税费——应交增值税（销项税额）　　464.96

（2）企业以购货单位名义委托运输单位将所售货物发运给购货单位，代垫运费，取得运输单位开具给购货单位的增值税专用发票，并由企业转交给购货单位。

在这种情况下，企业代垫的运费同时符合增值税法规定的“代垫运费”的两个条件，不属于“价外费用”，不应计入销售额计算销项税额。

如果某企业销售一批商品给 A 公司，以 A 公司的名义委托运输单位发货给 A 公司，代垫运费 3200 元（含税），该企业应作如下会计处理。

借：应收账款——A 公司　　3 200

贷：银行存款　　3 200

由此可知，在运费由购货单位承担的情况下，第（1）种情况的会计处理较复杂，而且企业要多交税款；第（2）种情况的会计处理简单，不存在因代垫运费而多交税款。

所以，在企业会计实务中，如果销售商品发生的运费应由购货单位承担，应采用第（2）种做法。本教材即采用这种做法。

提示：在 2#、46#业务中，本企业为购货单位代垫的运费，同时符合增值税法规定的“代垫运费”的两个条件，属于上述第（2）种情况。

三、接受捐赠资产的会计处理（7#业务）

税法规定，企业接受捐赠资产应确认捐赠收入，计入应纳税所得额，计算交纳所得税。如果接受捐赠的是实物资产且其金额较大，经税务机关批准，可以在 5 年内平均计入每年的应纳税所得额。企业通过捐赠取得的固定资产或无形资产，以该资产的公允价值和支付的相关税费为计税基础。

在会计处理上，企业接受捐赠的资产，以其公允价值和支付的相关税费作为入账价值；将接受捐赠所形成的经济利益的流入确认为一项捐赠利得。

由此可知，接受捐赠资产的账面价值与其计税基础相同，不产生暂时性差异。但是，会计上对该项利得的处理有以下两种不同的方法。

1. 将该项利得扣除应交所得税后的余额计入所有者权益（资本公积）

假定企业接受捐赠的是实物资产，一般会计处理如下：

（1）接受捐赠时：

借：相关资产科目

应交税费——待认证进项税额

贷：待转资产价值——接受捐赠非货币性资产价值

银行存款或应付账款

（2）期末进行所得税核算时：

借：待转资产价值——接受捐赠非货币性资产价值

贷：应交税费——应交所得税

资本公积——接受捐赠非货币性资产价值准备

2. 将该项利得直接计入当期损益（营业外收入）

采用这种方法，期末无需进行纳税调整，一般会计处理如下：

借：相关资产科目

　应交税费——待认证进项税额

　贷：营业外收入——捐赠利得

　　银行存款或应付账款

3. 两种方法比较

（1）两种方法对所有者权益的影响是相同的。前者将税后捐赠收入直接计入所有者权益（资本公积）；后者将税后捐赠收入计入当期净利润，期末也转入所有者权益（未分配利润）。税后捐赠收入，是指捐赠收入扣除所得税后的余额。

（2）无论接受捐赠的是现金还是非现金资产，在接受捐赠时，两种方法对现金流量的影响是相同的。接受捐赠现金资产，两者都产生相同的现金流入；接受捐赠非现金资产，两种都不产生现金流入。但是，在后续期间，两种方法对现金流量影响是不相同的。第一种方法，由于将税后捐赠收入直接计入所有者权益，即使接受现金资产，以后也不会产生相关的现金流出；第二种方法，不管接受捐赠是现金还是非现金资产，由于将税后捐赠收入计入净利润，在以后向股东分派现金股利或利润时，均会产生相关现金流出，即相对于不存在该捐赠事项下，额外增加了现金流出量。所以，如果接受捐赠实物资产，且金额较大，应采用第一种方法，按照税法规定，可向税务部门申请在 5 年内平均计入每年应纳税所得额；如果接受捐赠现金资产，或金额较小的非现金资产，可采用第二种方法，该方法简单。

本企业接受非货币性资产收入为 298 350 元（含税），应交所得税 74 587.5 元，数额不大，可以采用第二种方法处理。

四、商业汇票贴现业务的会计处理（27#业务）

27#业务的下列会计分录是错误的。

借：银行存款	77 556.6	
财务费用	1 643.4	
贷：应收票据		79 200

商业汇票贴现是金融资产转移的典型例子，应按《企业会计准则第 23 号——金融资产转移》规定进行处理。

商业汇票有商业承兑汇票和银行承兑汇票两种，对其贴现业务或出售其应收债权的会计处理也有以下两种情况。

第一种情况，不附追索权出售应收债权。是指在所出售的应收债权到期无法收回时，贴现银行等金融机构不能向出售应收债权的企业追偿。在这种情况下，企业应终止确认所出售的应收债权。根据票据法规定，企业将所持有的未到期银行承兑汇票向银行贴现，就是属于这种情况，银行不得向企业追偿。企业应做以下会计处理：

借：银行存款

　　未确认融资费用

　贷：应收票据

在贴现日至票据到期日期间，按月摊销未确认融资费用，计入财务费用。

第二种情况，附追索权出售应收债权。是指在所出售的应收债权到期无法收回时，贴现银行等金融机构有权向出售应收债权的企业追偿，或按照协议约定，企业有义务按约定金额从银行等金融机构回购部分应收债权。在这种情况下，应收债权的坏账风险仍由出售应收债权的企业承担，不符合终止确认条件，企业应当按照以应收债权为质押取得借款的核算原则进行会计处理。根据票据法规定，商业承兑汇票贴现就是属于这种情况。企业应当做以下会计处理：

（1）票据贴现时：

借：银行存款

　　短期借款——利息调整

　贷：短期借款——本金

（2）在贴现期间，采用实际利率法按月摊销贴现利息时：

借：财务费用

　贷：短期借款——利息调整

27#业务，是商业承兑汇票的贴现，所以，终止确认应收票据是错误的，应按照质押贷款的原则进行处理。贴现利息的摊销处理见85#业务。

提示：在企业会计实务中，贴现利息金额不大的，贴现利息可直接计入财务费用。但是在会计实训时，在理论上还是要采用摊销方法，分期计入各期财务费用。

五、不动产租赁业务的会计处理（38#业务）

资产租赁业务，无论是动产租赁还是不动产租赁业务，原来按营业税法规定都应缴纳营业税。自2013年8月1日开始实行营改增试点后，动产租赁业务改征增值税，增值税率为17%。从2016年5月1日起全面推行营改增后，不动产租赁业务也改征增值税，增值税率为11%。因此，本企业在确认租金收入时开具了增值税专用发票，确认应交增值税（销项税额）

本企业出租的是建筑物（产成品库），按照《企业会计准则》相关规定，属于将固定资产转换为投资性房地产。因此，在38#业务中，除确定租金收入外，还应当根据固定资产租赁合同进行如下处理。

借：投资性房地产——出租建筑物	116 500	
累计折旧	50 000	
贷：固定资产——不需用固定资产		116 500
投资性房地产累计折旧		50 000

（参考注册会计师统一考试辅导教材《会计》相关内容）

六、外购货物用于职工集体福利的会计处理（40#业务）

40#业务，购买电冰柜、电烤箱用于职工集体福利，下列会计分录是错误的。

借：固定资产——非生产用固定资产　　4 600
　　周转材料——低值易耗品　　1 450
　　应交税费——应交增值税（进项税）　　1 028.5
　贷：银行存款　　7 078.5
借：应付职工薪酬——职工福利费　　1 450
　贷：周转材料——低值易耗品　　1 450

第一，购进电冰柜和电烤箱用于集体生活福利，其进项税不予抵扣，不应当确认应交增值税（进项税），计入“应交税费——应交增值税”明细账的进项税额，必须是经税务机关认证的允许从当期销项税额中抵扣的进项税额。

第二，企业所得税法规定，企业职工福利费包括：尚未实行分离办社会职能的企业，其内设福利部门所发生的设备、设施和人员费用（工资、奖金、社会保险费、住房公积金、劳务费等）。按此规定，在会计上应当将这部分费用全额记入“应付职工薪酬——职工福利费”科目。但在上述会计分录中，未将电冰柜的费用记入该科目；虽然电烤箱通过摊销记入该科目，但这样处理不符合实际。电烤箱用于集体福利，不同于将其作为福利发放给职工个人，其所有权归属企业，应当和正常的低耗品摊销处理相同，即借记“管理费用”科目，贷记“周转材料”科目。

企业为内部福利部门购买设备和将其所拥有的资产（如房屋、小轿车等）无偿提供给职工个人使用，都是属于为职工提供非货币性福利范畴，前者是提供职工集体福利，后者是提供给职工个人消费。两者的共同点是，所提供的只是相关资产的使用权，其所有权仍归企业。但是在会计处理上应有所不同，前者应将所购买的设备全额计入应付职工薪酬；后者只将房屋等资产的折旧计入应付职工薪酬。

40#业务的正确会计分录，见实训答案。

七、老企业增资扩股的会计处理（43#业务）

43#业务的下列会计分录是错误的。

借：固定资产——生产用固定资产　　36 000
　　应交税费——待认证进项税额　　720
　贷：实收资本　　36 720

（1）它把机床附件厂的投资额（36 720 元）全部计入实收资本，使老股东的权益受到损失。正确的会计处理应当遵循的原则是：老股东的所有者权益不因新股东的投资入股而受影响，因此，新股东投资入股后，应享有企业的每股所有者权益不得大于老股东原来所拥有的每股所有者权益。或者说，新股东投资额的折股比例不得大于老股东原来所拥有的所有者权益的折股比例。即：

新股东投资折股比例＝新股东投资折股数÷投资额

老股东权益折股比例＝原股份总额÷原所有者权益总额

令新股东投资折股比例等于老股东权益折股比例，则

新股东投资折股数＝原股份总额÷原所有者权益总额×投资额

＝9 000 000÷12 049 702.85×36 720＝27 426.4（元）

即：公司新增实收资本＝27 426.4（元）

新增资本公积＝36 720－27 426.4＝9 293.6（元）

（2）新股东是以一台旧设备投资的，企业在账面上体现的应是旧设备，即应以该设备的原价（45 000 元）入账。43#业务的正确会计分录应为：

借：固定资产——生产用固定资产	45 000	
应交税费——待认证进项税额	720	
贷：实收资本——机床附件厂		27 426.4
资本公积——资本溢价		9 293.6
累计折旧		9 000

八、技术转让业务的会计处理（50#业务）

下列会计分录是错误的：

借：银行存款	35 000	
贷：无形资产——专有技术		20 000
应交税费——应交增值税（销项税额）		2 100
营业外收入——技术转让收益		12 900

（1）没有结转累计摊销（5 000 元）

技术转让收益＝实际收到的价款－账面价值＝35 000－（20 000－5 000)=20 000（元）

（2）不应当确认应交增值税（销项税额）

营业税税收优惠政策规定："对单位和个人（包括外商投资企业、外商投资设立的研究开发中心、外国企业和外籍个人）从事技术转让、技术开发和与之相关的技术咨询、技术服务取得的收入免征营业税。"

根据 2013 年 8 月 1 日开始实施的《交通运输业和部分现代服务业营改增试点实施办法》规定，试点企业营改增后继续享受增值税税收优惠。所以，对 50#业务不应当确认应交增值税（销项税）。

增值税暂行条例规定，销售货物或者应税劳务适用免税规定的，不得开具增值税专用发票。50#、55#业务即属于这种情况。

九、将自产产品作为自用固定资产的会计处理（77#业务）

77#业务，将库存商品中的自产 2 台普通车床移交机加车间作生产设备使用，其成本为 48 000 元。期初"库存商品"账户余额为 1 416 000 元。企业已对库存商品计提存货跌价准备，期初存货跌价准备余额为 38 000 元，属于 2 台普通车床的存货跌价准备＝38 000÷1 416 000×48 000＝1 288.14（元）。普通车床售价为每台 42 300 元，增值税率为 17%。77#业务的会计处理，可能有以下几种做法，其中哪些是正确的，哪些是错误的，解析如下：

（1）按照视同销售行为处理

借：固定资产——生产用固定资产（机加）　　62 382

　贷：库存商品——普通车床　　48 000

　　应交税费——应交增值税（销项税额）　　14 382

按照视同销售行为处理是错误的。因为，77#业务不属于将自产产品用于非增值税应税项目，不属于视同销售行为。

在增值税转型改革之前（2009 年 1 月 1 日前），企业将自产产品作为固定资产使用的，不管是动产还是不动产，都属于用于非增值税应税项目，应按视同销售行为处理，计算确认应交增值税。但是，在增值税转型改革之后，企业将自产产品作为动产（如生产设备）使用不属于用于非增值税应税项目，只有将自产产品用于不动产或不动产在建工程才属于用于非增值税应税项目。国务院决定从 2016 年 5 月 1 日起全面推行营改增试点后，金融业、建筑业、房地产业、生活服务业也实行营改增，按此决定，企业将自产产品用于不动产或不动产在建工程也不应当属于用于非增值税应税项目。

（2）按成本转账，结转存货跌价准备，将 2 台普通车床的账面价值转入固定资产。

借：固定资产——生产用固定资产（机加）　　46 711.86

　　存货跌价准备——库存商品　　1 288.14

　贷：库存商品——普通车床　　48 000

这个会计分录也是错误的。这样处理的结果，导致存货账面价值相对增加了 1 288.14 元，而其计税基础却没有因此而变化，因而转回可抵扣暂时性差异 1 288.14 元。

会计处理前，库存商品的账面价值、计税基础及暂时性差异：

账面价值＝1 416 000－38 000＝1 378 000（元）

计税基础＝1 416 000（元）

可抵扣暂时性差异＝1 416 000－1 378 000＝38 000（元）

会计处理后，库存商品的账面价值、计税基础及暂时性差异：

账面价值＝1 416 000－48 000－（38 000－1 288.14）＝1 331 288.14（元）

计税基础＝1 416 000－48 000＝1 368 000（元）

可抵扣暂时性差异＝1 368 000－1 331 288.14＝36 711.86（元）

所以：转回可抵扣暂时性差异＝38 000－3 6711.86＝1 288.14（元）

由于转回可抵扣暂时性差异 1288.14 元，转销了相关递延所得税资产 322.04 元（1 288.14×25%），发生递延所得税费用 322.04 元。

借：所得税费用——递延所得税费用　　322.04

　贷：递延所得税资产　　322.04

因而，使企业资产减少了 322.04 元，净利润减少 322.04 元。

但是，这种情况不符合实际。企业将自产产品作为本企业生产设备使用，资产的所有权属并未发生实质性变化，只是资产的属性和用途发生了变化，即：由存货转换为固定资产，由对外销售转变为用于生产加工产品。这种资产属性和用途的变化（以下简称资产转换），不可能使企业资产发生变化，不可能影响企业净利润。

所以，上述会计分录是错误的。

按照上述会计处理，减少净利润的原因是，只确认转回可抵扣暂时性差异，而没有同时确认转回相关的可抵扣时间性差异，不符合时间性差异和暂时性差异同时产生、同时转回的原则（见第十章）。

（3）按成本转账，将 2 台普通车床转入固定资产，同时将存货跌价准备转为固定资产减值准备。

借：固定资产——生产用固定资产（机加） 48 000

　　存货跌价准备——库存商品 1 288.14

　贷：库存商品——普通车床 48 000

　　　固定资产减值准备——普通车床 1 288.14

这个会计分录是正确的。这样的会计处理，既不会使企业资产发生变化，也不影响当期应交所得税和净利润，完全符合实际情况。因为，结转存货跌价准备而转回的可抵扣暂时性差异（1 288.14 元）与因此而增加固定资产减值准备所产生的可抵扣暂时性差异（1 288.14 元）相互抵销，也就是说，不存在可抵扣暂时性差异，也不存在可抵扣时间性差异，所以，不会使企业递延所得税资产发生变化，也不影响企业当期应交所得税和税后净利润。

企业将自产产品作为固定资产使用与将固定资产（房屋建筑物）用于对外出租而转换为按成本模式计量的投资性房地产，都属于内部自产转换业务，会计处理方法类同。例如，企业将某项固定资产（房屋建筑物）采用经营租赁方式对外出租，如果该固定资产已计提了减值准备，则会计处理的模式如下：

借：投资性房地产——出租建筑物

　　累计折旧

　　固定资产减值准备

　贷：固定资产——某房屋建筑物

　　　投资性房地产累计折旧

　　　投资性房地产减值准备

（参见注册会计师全国统一考试辅导教材《会计》相关内容）

（4）只按成本转账，不结转存货跌价准备。

借：固定资产——生产用固定资产（机加） 48 000

　贷：库存商品——普通车床 48 000

这个会计分录在理论上不如上述第（3）会计分录完善，但在会计实务中是可行的，也是正确的。

由于没有将存货跌价准备转为固定资产减值准备，导致存货账面价值相对减少 1288.14 元，相关固定资产的账面价值相对增加 1288.14 元（与第（3）会计分录比较）。但是，企业的总资产账面价值并没有因此而发生变化，存货账面价值的减少额与固定资产账面价值的增加额相互抵销。

以上所述的（3）、（4）两个会计分录都是正确的，但第（4）会计分录较简单；而且，存货跌价准备在以后期间可以因存货价值恢复或销售而转回来，减少以后期间应交所得税。如果将存货跌价准备转为固定资产减值准备，按照所得税会计准则规定，固定资产减值准备在以后持有期间不得转回，只能在未来该固定资产报废或处置时才能转销。所以，企业会计核算应当采用第（4）种会计处理方法，会计综合实训也应当采用这种方法。

十、其他业务的会计处理

（1）9#业务，进货退出，采用红字冲账法处理。编制红字记账凭证，以红字登记入账。

（2）13#业务，购买的是旧设备，会计处理时应反映实情，应以原价160 000元入账。

（3）20#业务，债务重组，应结转坏账准备，确认重组损失。

债务重组损失＝重组前债权额－重组后债权额－准备坏账

＝520 000－400 000－520 000×5%＝94 000（元）

（4）21#业务中的各项税费均通过“税金及附加”科目核算。2016年5月1日全面试行营改增后，“营业税金及附加”科目名称调整为“税金及附加”科目，该科目核算企业经营活动发生的消费税、城市维护建设税、资源税、教育费附加及房产税、土地使用税、车船使用税、印花税等相关税费。

（5）18#，37#业务，职工报销医疗费

由于企业已按照规定为职工向社会医疗保险费管理部门缴纳了医疗保险费，职工医疗费应当由该部门承担。在职工报销医疗费时，可由企业代付，计入其他应收款。

（6）52#业务，应按照实际结算价87 000元，借记“固定资产”，贷记“在建工程”；并支付部分应付未付的款项23 400元（含税）。

（7）70#业务，为配电车间采购的电表、电容器，不属于库存材料管理范围，属于临时采购物资，即购即用。因此，到货验收后不入库，按“直接出库”处理，直接记入“生产成本—辅助生产成本”科目。

（8）75#业务，根据领料单按计划价格结转其他业务成本，待期末材料成本核算后，再结转销售材料应分摊的材料成本差异额，还原为实际成本。

第八章　期末业务核算实训辅导（一）——利息调整摊销和增值税核算

一、利息调整摊销

根据《企业会计准则第22号——金融工具确认和计量》规定，对于金融资产和金融负债，应当采用实际利率法，按摊余成本进行后续计量。

实际利率法的理论基础就是货币资金时间价值的计算方法。某项目（资产或负债）的实际利率，是指该项目未来现金量的现值等于购买价（或发行价）的折现率。实际利率法，是指该项目在持有期间，按照其实际利率计算出各期实际利息收入（或实际利息费用），进而计算出该项目各期期末摊余成本（即期末账面价值）的一种方法。

（一）实际利率的计算方法

债券的实际利率应根据债券的付息方式进行计算。债券付息方式有分期付息到期还本和到期一次还本付息两种。

例如，企业购买某公司发行的债券，进行债券投资，将其划分为持有至到期投资。假设，该债券的面值、票面利率、期限、购买价、实际利率等用下列符号表示：

M——面值　　　　　　　i——票面利率

n——期限（年）　　　　　I——债券每期（年）票面利息（$I=M\cdot i$）

P——购买价（取得成本）　R——实际利率

其实际利率计算公式分别如下：

（1）分期付息（如每年年末付息一次），到期还本：

$$P=\frac{I}{1+R}+\frac{I}{(1+R)^2}+\cdots+\frac{I}{(1+R)^n}+\frac{M}{(1+R)^n}=I\cdot\frac{(1+R)^n-1}{R(1+R)^n}+\frac{M}{(1+R)^n}$$

（2）到期一次还本付息：

$$P=\frac{I\cdot n+M}{(1+R)^n}=\frac{M\cdot(1+n\cdot i)}{(1+R)^n}$$

购买债券有平价购买（$P=M$），溢价购买（$P>M$）、折价购买（$P<M$）三种方式。上述计算实际利率的公式，在这三种购买方式下均适用。溢价购买下，实际利率小于票面利率；折价购买下，实际利率大于票面利率。但是，在平价购买下，只有分期付息债券的实际利率才等于票面利率，到期一次还本付息债券的实际利率小于票面利率。

对于债券发行方来说，应付债券的实际利率为债券未来现金流量的现值等于发行价的折现率。上述计算公式中 P 为债券发行价。

（二）利息调整摊销计算公式

在溢价或折价购买下：购买价=面值＋利息调整额

在溢价购买下，利息调整额（即溢价额）大于零，会计分录为

借：持有至到期投资——面值

——利息调整

贷：银行存款（购买价）

在折价购买下，利息调整额（即折价额）小于零，会计分录为

借：持有至到期投资——面值

贷：银行存款（购买价）

持有至到期投资——利息调整

企业在投资持有期间，应按照每期期初摊余成本（即期初账面价值）和实际利率计算确认每期实际利息收入（即投资收益）；同时，摊销利息调整，将利息调整分摊到以后各期间，并确定各期期末摊余成本（即期末账面价值）。

有关计算公式推导如下：

(1) 期末摊余成本计算公式：

①在购买时：

账面价值＝面值＋利息调整总额

②每期利息调整摊销后：

期末账面价值（期末摊余成本）＝面值＋“利息调整”期末余额

＝面值＋利息调整总额－至本期期末累计利息调整摊销额

＝购买价－至本期期末累计利息调整摊销额（以下简称累计摊销额）

同理：期初账面价值（期初摊余成本）＝购买价－至本期期初累计摊销额

因为：期末累计摊销额＝期初累计摊销额＋本期摊销额

所以：期末摊余成本＝购买价－（期初累计摊销额＋本期摊销额）

＝期初摊余成本－本期摊销额

(2) 每期利息调整摊销额计算公式：

债券未来现金流入总额＝面值＋票面利息总额

购买债券导致现金流出总额＝购买价

实际利息收入总额（投资收益）＝现金流入总额－现金流出总额

＝票面利息总额＋面值－购买价

因为：购买价＝面值+利息调整总额

所以：实际利息收入总额＝票面利息总额－利息调整总额

每期实际利息收入＝每期票面利息－每期摊销额

每期摊销额＝每期票面利息－每期实际利息收入

(3) 每期实际利息收入和每期票面利息计算公式

每期实际利息收入＝每期期初摊余成本×实际利率

每期票面利息＝面值×票面利率

以上计算公式，对于债券发行方形成的金融负债（应付债券）同样适用，只需要将计算公式中的“实际利息收入”改为“实际利息费用”。

在溢价购买或溢价发行下：每期利息调整摊销额>0

在折价购买或折价发行下：每期利息调整摊销额<0

上述公式中的“票面利息”，对债券购买方来说，是“应收利息”；对债券发行方来说，是“应付利息”。

注意：如果在投资持有期间，某期收回部分本金，则该期的期末摊余成本应按以下公式确定：

期末摊余成本＝期初摊余成本－本期摊销额－本期收回本金

上述计算公式也适用于长期应收款和长期应付款的未确认融资收益（或费用）的摊销，并适用于票据贴现利息的摊销，只是在摊销计算时，它们的应收或应付利息为零。

二、增值税会计核算

（一）增值税会计处理相关规定

2016 年 12 月 3 日，财政部发布《增值税会计处理规定》，对企业采购等业务发生的进项税额的会计处理做出如下规定。

1. 采购等业务进项税额允许抵扣的账务处理

一般纳税人购进货物、加工修理修配劳务、服务、无形资产或不动产，按应计入相关成本费用或资产的金额，借记“在途物资”或“原材料”、“库存商品”、“生产成本”、“无形资产”、“固定资产”、“管理费用”等科目，按当月已认证的可抵扣增值税额，借记“应交税费——应交增值税（进项税额)”科目，按当月未认证的可抵扣增值税额，借记“应交税费——待认证进项税额”科目，按应付或实际支付的金额，贷记“应付账款”、“应付票据”、“银行存款”等科目。

2. 采购等业务进项税额不得抵扣的账务处理

一般纳税人购进货物、加工修理修配劳务、服务、无形资产或不动产，用于简易计税方法计税项目、免征增值税项目、集体福利或个人消费等，其进项税额按照现行增值税制度规定不得从销项税额中抵扣的，取得增值税专用发票时，应借记相关成本费用或资产科目，借记“应交税费——待认证进项税额”科目，贷记“银行存款”、“应付账款”等科目，经税务机关认证后，应借记相关成本费用或资产科目，贷记“应交税费——待认证进项税额”科目。

根据该规定，增值税一般纳税人发生的各项进项税额，包括允许抵扣的进项税额和不得抵扣的进项税额，必须经税务机关认证，通过“应交税费——待认证进项税额”科目核算。

（二）增值税会计处理程序

1. 确认采购等业务发生的进项税额

在日常会计核算中，采购等业务发生时，根据取得的增值税专用发票等相关凭证，进行会计处理，确认相关进项税额，记入“应交税费——待认证进项税额”科目借方。

2. 结转已认证的进项税额

期末业务核算时，将已认证的进项税额统一结转相关科目。

（1）结转不得抵扣的进项税额：

借：相关成本费用或资产科目

　贷：应交税费——待认证进项税额

（2）结转允许抵扣的进项税额：

借：应交税费——应交增值税（进项税额）

　贷：应交税费——待认证进项税额

本期允许抵扣进项税额＝期初“待认证进项税额”账户借方余额＋本期“待认证进项税额”账户借方发生额－本期“待认证进项税额”账户贷方发生额－期末“待认证进项税额”账户借方余额

【例 8-1】　某企业 2016 年 12 月，“应交税额——待认证进项税额”账户借方发生额合计为 150 000 元，其中：购买用于职工集体福利的电冰柜（固定资产）、电烤箱（低耗品）的进项税额分别为 782 元、246.5 元，共计 1 028.5 元，按税法规定，不得抵扣；其他进项税额均允许抵扣。本月除“材料采购”账户期末余额（200 000 元）相关的进项税抵扣凭证未经税务机关认证外，其他各项进项税抵扣凭证均已经税务机关认证。期初，“应交税费——待认证进项税额”账户余额（借方）为 28 700 元。月末，该企业应做以下会计处理。

（1）结转不得抵扣的进项税额：

借：固定资产——非生产用固定资产	782	
管理费用	246.5	
贷：应交税费——待认证进项税额		1 028.5

（2）结转允许抵扣的进项税额：

本期允许抵扣进项税额＝28 700＋150 000－1 028.5－200 000×17%＝143 671.5（元）

借：应交税费——应交增值税（进项税额）	143 671.5	
贷：应交税费——待认证进项税额		143 671.5

3. 计算确认本期应交增值税额

月末，根据“应交增值税”明细账相关项目的发生额，计算确认本期应交增值税额。

本期应交增值税额＝本期销项税额－（本期进项税额－本期进项税额转出）

＝本期销项税额＋本期进项税额转出－本期进项税额

会计处理：

（1）本期应交增值税额为正数时：

借：应交税费——应交增值税额（转出未交增值税）

贷：应交税费——未交增值税

（2）本期应交增值税额为负数时：

借：应交税费——未交增值税

贷：应交税费——应交增值税（转出多交增值税）

注意：按照《增值税会计处理规定》，记入“应交增值税”明细账“进项税额”专栏的，都是已经税务机关认证的允许抵扣的进项税额。如果计算出的本期应交增值税额为负数，则为允许抵扣的进项税额本期未抵扣完的部分。但是，由于本期未抵扣完的进项税额已转入“应交税费——未交增值税”明细账，结转后，“应交税费——应交增值税”明细账无进项税余额，所以，在本期应交增值税计算公式中，没有减项“上期留抵税额”。这是与过去计算应交增值税的公式不同之处。

第九章　期末业务核算实训辅导（二）——完工产品成本核算

一、完工产品成本核算方法

本教材采用平行结转分步法核算完工产品成本。在平行结转分步法下，月末计算完工产品成本的关键是要计算确定各个生产车间的约当产量。相对于最终产成品而言，各个车间的所谓“完工产品”都是半成品。某车间的约当产量就是该车间本月生产的半成品总量，在企业未设置半成品库情况下，包括以下三部分：

（1）该车间月末在产品数量按照完工程度（完工率）折算成半成品数量。

（2）该车间本月完工转出而停留在以后各车间的半成品数量（即以后各车间月末在产品数量）。

（3）该车间本月完工转出的已被最终产成品耗用的半成品数量（模拟企业所生产的产品，每台最终产成品耗用各个车间的半成品 1 件）。

相对于最终产成品而言，上述第（1）、（2）两部分半成品数量就是该车间的月末在产品数量，称为广义在产品约当产量，其中第（1）部分称为狭义在产品数量。

模拟企业没有设置半成品库，各车间的约当产量计算公式如下：

$$\text{某车间的总约当产量}=\text{该车间月末广义在产品约当产量}+\text{最终产成品耗用该车间的半成品数量}$$

$$=\text{该车间月末在产品数量}\times\text{完工率}+\text{以后各车间月末在产品数量}+\text{本月完工转出的产成品数量} \quad (1)$$

式中：

$$\text{以后各车间月末在产品数量}=\text{以后各车间月初在产品数量}+\text{该车间本月完工转入以后各车间的半成品数量}-\text{本月完工转出的产成品数量}$$

所以：

$$\text{某车间的总约当量}=\text{该车间月末在产品数量}\times\text{完工率}+\text{该车间本月完工转出的半成品数量}+\text{以后各车间月初在产品数量} \quad (2)$$

在实训操作时，可同时采用上述两个公式计算约当产量，相互验证，计算结果应当相同。如果计算结果不同，要么是计算错误，要么是第二章产品产量记录表（表 2.8）有误。

计算约当产量的关键是要确定月末在产品的完工率。月末在产品完工率，应当按照成本项目分别确定。

1.“直接材料”完工率（即投料程度）

各种产品生产所需的原材料，在一个会计期间内可能分几次投入，但在一般情况下，在一个会计期间内即完成全部投料，即“直接投料”完工率为100%。

2.“直接人工”、“制造费用”的完工率

“直接人工”、“制造费用”的完工率相同，通称为施工完工率。

某车间施工完工率＝该车间本月实际工时数÷该车间定额工时数×100%

某车间定额工时数＝该车间单位产品定额工时数×（该车间完工的半成品数量＋该车间月末在产品数量）

各车间单位产品定额工时数之和即为单位产成品定额工时数。

【例 9-1】 某企业按照产品生产步骤设立A、B、C三个生产车间，生产M、N两种产品。其中，M产品的2015年12月的产量记录、定额工时和实际工时等资料如表9-1和表9-2所示。

表 9-1　M 产品产量记录

项目	一车间	二车间	三车间	合计
月初在产品	10	15	12	37
本月投产	30	30	36	30
本月完工	30	36	40	40（产成品）
月末在产品	10	9	8	27

表 9-2　M 产品定额工时和实际工时

	一车间	二车间	三车间	合计
单位产品定额工时	300	500	400	1200
本月实际工时	3500	5800	4500	13800

根据上述资料计算施工完工率和约当产量。

（1）计算施工完工率：

$$一车间施工完工率=\frac{3\,500}{(30+10)\times300}\times100\%=29.17\%$$

$$二车间施工完工率=\frac{5800}{(36+9)\times500}\times100\%=25.78\%$$

$$三车间施工完工率=\frac{4500}{(40+8)\times400}\times100\%=23.44\%$$

（2）计算“直接人工”、“制作费用”约当产量：

一车间约当产量＝10×29.17%＋9＋8＋40＝59.92

或＝10×29.17%＋30＋15＋12 ＝ 59.92

二车间约当产量＝9×25.78%＋8＋40＝ 50.32

或＝9×25.78%＋36＋12＝50.32

三车间约当产量＝8×23.44%＋0＋40＝41.38

或＝8×23.44%＋40 ＋0＝41.38

施工完工率的计算不要求很精确，在会计实务中，如果企业没有实行工时定额管理，可以采用经验估计法确定施工完工率。具体做法是：根据生产效率最快、最慢和一般的三类生产工人估计的最大完工率（A）、最小完工率（B）、最可能完工率（C），按照以下经验公式计算确定期望施工完工率。

$$期望施工完工率=\frac{A+4C+B}{6}\times 100\%$$

二、完工产品成本核算程序

（一）根据有关资料，计算确定约当产量

（二）计算各车间单位半成品成本

单位半成品成本，实际上是本月完工产品和月末在产品对本月生产费用总额的分配率。

$$分配率=\frac{生产费用总额}{总约当产量}=\frac{生产费用总额}{广义在产品约当产量+完工产品数量}$$

生产费用总额＝月初在产品成本＋本月生产费用

（三）计算各车间完工产品成本和月末在产品成本

各车间完工产品成本，即为各车间的生产费用总额中应计入最终产成品成本的份额。

完工产品成本＝分配率×完工产品数量

月末在产品成本＝生产费用总额—完工产品成本

（四）会计处理

将计算出的产成品成本结转“库存商品”。结转后，“生产成本——基本生产成本”明细账户余额即为月末在产品成本。

【例 9-2】　在例 9-1 中，假定：2015 年 12 月，M 产品的月初在产品成本和本月生产费用如表 9-3 所示。按照上述计算公式，列表计算如下（见表 9-3 和表 9-4）：

表 9-3 车间制造成本计算表

产品名称：M 产品　　　　完工产量：40

车间	项目	月初在产品成本	本月生产费用	费用合计	约当产量	分配率	完工产品成本	月末在产品成本
一车间	直接材料	54 000	97 000	151 000	67	2 253.73	90 149.2	60 850.8
	直接人工	15 000	65 000	80 000	59.92	1 335.11	53 404.4	26 595.6
	制造费用	7 300	30 000	37 300	59.92	622.5	24 900	12 400
	合计	76 300	192 000	268 300		4 211.34	168 453.6	99 846.4
二车间	直接材料	43 000	71 000	114 000	57	2 000	80 000	34 000
	直接人工	11 000	114 000	12 5000	50.32	2 484.15	99 364	25 636
	制造费用	7 600	77 600	85 200	50.32	1 693.16	67 726.4	17 473.6
	合计	61 600	262 600	32 4200		6 177.26	247 090.4	77 109.6
三车间	直接材料	59 000	550 000	609 000	48	1 2687.5	507 500	101 500
	直接人工	10 500	70 500	81 000	41.38	1 957.47	78 298.8	2 701.2
	制造费用	14 400	37 000	51 400	41.38	1 242.15	49 686	1 714
	合计	83 900	657 500	741 400		15 887.12	635 484.8	105 915.2

表 9-4 完工产品制造成本汇总计算表

产品名称：M 产品　　　　完工产量：40

车间	直接材料	直接人工	制造费用	产品总成本	单位产品成本
一车间	90 149.2	53 404.4	24 900	168 453.6	4 211.34
二车间	80 000	99 364	67 726.4	247 090.4	6 177.26
三车间	507 500	78 298.8	49 686	635 484.8	15 887.12
产品总成本	677 649.2	23 1067.2	142 312.4	1 051 028.8	26 275.72
单位产品成本	16 941.23	5 776.68	3 557.81	26 275.72	

会计处理：

借：库存商品——M 产品　　1 051 028.8

　　贷：生产成本——基本生产成本　　1 051 028.8

　　　　　　——一车间（M 产品）　　168 453.6

　　　　　　——二车间（M 产品）　　247 090.4

　　　　　　——三车间（M 产品）　　635 484.8

第十章　期末业务核算实训辅导（三）
——所得税核算

一、所得税会计对象——会计与税法的差异

所得税核算实训，亦即所得税会计实训，是会计综合实训的重要内容。所得税会计，概括地说，就是对企业税前会计处理与税法规定之间的差异所进行的会计处理。

企业税前会计处理与税法规定之间的差异（以下简称会计与税法的差异），即所得税会计的对象，体现在以下两个方面：

一是体现在税前会计利润与应纳税所得额之间，所产生的差异包括永久性差异和时间性差异。其中，时间性差异包括应纳税时间性差异和可抵扣时间性差异。

二是体现在资产、负债的账面价值与其计税基础之间，所产生的差异称为暂时性差异，包括应纳税暂时性差异和可抵扣暂时性差异。

所得税核算的关键或前提，就是要正确分析确定这些差异。实践证明，凡是所得税核算发生错误的，都是由于没有正确、完整地确认会计与税法的差异。所谓“正确确认”，是指对某项差异的性质和类型的确认要正确，不得将永久性差异确认为时间性差异，或者相反；不得将应纳税时间性差异确认为可抵扣时间性差异，或者相反；不得将应纳税暂时性差异确认为可抵扣暂时性差异，或者相反。所谓“完整地确认”，是指对所有应当确认的差异都要确认，不得遗漏，包括当期产生的各种差异，以及当期转回以前期间产生的各种时间性差异和暂时性差异。

因此，必须理解和掌握会计与税法之间各种差异的定义、特点、对所得税的影响和相互之间的区别与联系等基本概念，才能正确核算所得税。

（一）永久性差异

1. 永久性差异定义

永久性差异，是指由于会计和税法对收益、费用或者损失的确认口径或标准不同所产生的差异。例如：

（1）企业确认（指会计上的确认）的技术转让所得，计入当期损益，增加当期会计利润，但按税法规定，如果该项技术转让所得属于免征所得税范围，则不予确认，固而产生了永久性差异，应纳税调减。

相关规定链接：税法规定，在一个纳税年度内，居民企业技术转让所得不超过500万

元的部分，免征企业所得税；超过 500 万元的部分，减半征收企业所得税。

（2）企业持有的交易性金融资产（股票），出售时确认的投资收益计入当期会计利润，但按所得税法规定，如果所出售股票所取得的投资收益，属于免税权益性投资收益，则不予确定，因而产生了永久性差异，应纳税调减。

（3）企业对外投资所取得的投资收益，已计入当期会计利润，但按税法规定，如果该项权益性投资收益为免税收入，则不予确认，因而产生了永久性差异，应纳税调减。

相关规定链接：税法规定，符合条件的居民企业之间的股息、红利等权益性投资收益，为免税收入，是指居民企业直接投资于其他居民企业取得的投资收益，不包括连续持有居民企业公开发行并上市流通的股票不足 12 个月取得的投资收益。

2. 永久性差异特点

永久性差异在某一期间产生，在以后会计期间不能转回。

3. 永久性差异对所得税的影响

由于永久性差异只在某一期间产生，未来不能转回，所以它只影响当期所得税，不影响未来期间所得税。

永久性差异对所得税的影响情况如表 10.1 所示。

表 10.1　永久性差异对所得税影响

	会计	税法	对所得税影响（当期）
对某项收益	确认	不确认	纳税调减
	不确认	确认	纳税调增
对某项费用或损失	确认	不确认	纳税调增
	不确认	确认	纳税调减

（二）时间性差异

1. 时间性差异定义

时间性差异，是指由于会计和税法对收益、费用或损失的确认时间不同而产生的差异。两者的确认口径相同，只是确认时间不同。

2. 时间性差异特点

时间性差异在某一期间产生，在以后一个或几个会计期间能转回。

3. 时间性差异对所得税的影响

由于时间性差异在当期产生，以后期间能转回来，所以它既影响当期所得税，又影响未来转回期间的所得税。**时间性差异对当期所得税和未来所得税的影响是相反的，当期产**

生时纳税调减，未来转回时纳税调增；或者，当期产生时纳税调增，未来转回时纳税调减。

时间性差异按照其对未来所得税的影响情况，分为应纳税时间性差异和可抵扣时间性差异，如表 10.2 所示。

表 10.2　时间性差异对所得税影响

	会计	税法	对所得税影响		时间性差异类型
			当期	未来	
对某项收益	当期确认 未来不确认	当期不确认 未来确认	纳税调减	纳税调增	应纳税时间性差异
	当期不确认 未来确认	当期确认 未来不确认	纳税调增	纳税调减	可抵扣时间性差异
对某项费用或损失	当期确认 未来不确认	当期不确认 未来确认	纳税调增	纳税调减	可抵扣时间性差异
	当期不确认 未来确认	当期确认 未来不确认	纳税调减	纳税调增	应纳税时间性差异

1）应纳税时间性差异

应纳税时间性差异，是指“当期可抵减，未来应纳税”的时间性差异。这种时间性差异在产生的当期，作为纳税调减项目处理，减少当期应纳税所得额，即所谓“当期可抵减”；在未来转回期间，作为纳税调增项目处理，增加未来期间的应纳税所得额，即所谓“未来应纳税”。

2）可抵扣时间性差异

可抵扣时间性差异，是指“当期应纳税，未来可抵减”的时间性差异。

可抵扣时间性差异对所得税的影响与应纳税时间性差异对所得税的影响是方向相反的，可抵扣时间性差异在当期产生时，纳税调增；未来转回时，纳税调减。即：应纳税时间性差异为负数的，是可抵扣时间性差异；可抵扣时间性差异为负数的，是应纳税时间性差异。

例如：

（1）交易性金融资产的公允价值变动会产生或转回应纳税时间性差异或可抵扣时间性差异

① 企业持有的交易性金融资产，在购入后的初始确认期间，如果其公允价值增加，按公允价值增加额，借记“交易性金融资产——公允价值变动”科目，贷记“公允价值变动损益”科目，则导致当期会计利润增加。但按税法规定，其公允价值变动损益不计入当期应纳税所得额（因只是潜在性的收益），待未来出售该资产时按实际发生的投资收益予以确认。因此，产生了应纳税时间性差异。

如果该交易性金融资产在以后持有期间公允价值相对减少，按公允价值减少额，借记“公允价值变动损益”科目，贷记“交易性金融资产——公允价值变动”科目，则转回前期产生的应纳税时间性差异。

② 企业持有的交易性金融资产，在购入后的初始确认期间，如果其公允价值减少，按公允价值减少额，借记“公允价值变动损益”科目，贷记“交易性金融资产——公允价值变动”科目，则产生可抵扣时间性差异。

如果该交易性金融资产在以后持有期间公允价值相对增加，则转回前期产生的可抵扣时间性差异。

（2）企业确认存货发生跌价损失而计提跌价准备时，按计提的跌价准备金额，借记“资产减值损失”科目，贷记“存货跌价准备”科目，则导致当期会计利润减少。但按税法规定，当期不确认资产减值损失，待未来实际发生损失时才予以确认。因此，产生可抵扣时间性差异。如果该存货在未来期间因价值恢复或处置而冲销跌价准备，则转回前期产生的可抵扣时间性差异。

其他计提减值准备的资产，如长期股权投资、固定资产、无形资产等，以及计提坏账准备的应收账款，都会产生或转回可抵扣时间性差异，其中，长期股权投资、固定资产、无形资产只能在转让处置时冲销或转回减值准备

相关规定链接：税法规定，除财政部和国家税务总局核准计提的准备金可以税前扣除外，其他行业、企业计提的资产减值准备、风险准备等准备金均不得税前扣除。企业已计提减值、跌价或坏账准备的资产，如果申报纳税时已调增应纳税所得，因价值恢复或转让处置相关资产而冲销的准备，应允许企业做相反的纳税调整（按：计提准备时，纳税调增；冲销或转回准备时，纳税调减）。

（三）暂时性差异

1. 暂时性差异的定义

暂时性差异，是指由于资产、负债的账面价值与其计税基础不同而产生的差异。

暂时性差异＝资产（负债）账面价值－资产（负债）计税基础

2. 暂时性差异特点

暂时性差异与时间性差异类似，暂时性差异产生后，在未来收回资产账面价值或清偿负债期间能转回或销除。但暂时性差异不同于时间性差异，某项资产或负债如产生暂时性差异，在以后该资产持有时间或该负债存续期间，原来所产生的暂时性差异一直存在着.这是由于以前期间产生的暂时性差异影响以后期间的账面价值，在以后期间的每一个资产负债表日，该资产或负债的账面价值均不等于其计税基础。

确定暂时性差异，关键在于要正确确定资产、负债的计税基础。

3. 资产、负债的计税基础

1）资产的计税基础

所得税会计准则规定：资产的计税基础，是指企业在未来收回资产账面价值过程中，计算应纳税所得额时，按照税法规定可以从应税经济利益中扣除的金额。

资产在未来持续使用过程中或最终处置时，能为企业带来经济利益的流入，其账面价值即代表未来经济利益的流入总额，该经济利益一般等于应税经济利益。所以，某项资产的计税基础，就是指按税法规定可以从该资产未来经济利益的流入总额中扣除的金额，简称未来可予扣除金额，即

资产的计税基础＝未来可予扣除金额

资产的计税基础也称计税成本，与会计成本相对应。

一般资产在初始确认时，其计税基础等于取得成本（即历史成本）；在持有期间，有些资产的计税基础保持不变，有些资产的计税基础可能发生变化，不等于取得成本，如固定资产、无形资产等。资产的计税基础可用一般公式表示如下：

资产的计税基础＝取得成本－按税法规定已于税前扣除的金额

例如，某企业固定资产采用年限平均法计提折旧，2015 年 12 月 31 日，固定资产账面余额为 1 250 万元，累计折旧余额为 320 万元。税法规定，该企业可采用双倍余额递减法计提折旧，按此规定，累计折旧余额为 350 万元。则该企业固定资产 2015 年 12 月 31 日的计税基础为

计税基础＝1 250－350＝900（万元）

对于其他资产，如交易性金融资产、应收账款、存货、长期股权投资等，不存在以前期间按照税法规定税前扣除的金额，其计税基础等于账面余额（取得成本）。

2）负债的计税基础

所得税会计准则规定：负债的计税基础，等于负债的账面价值减去未来清偿期间计算应纳税所得额时按照税法规定可予扣除的金额，即

负债的计税基础＝负债的账面价值－未来可予扣除金额

负债在未来清偿时会产生经济利益的流出，其账面价值即代表未来经济利益的流出总额。所以，负债的计税基础，就是指在未来计税时不得从相关经济利益的流出总额中扣除的金额，简称未来不予扣除金额，即

负债的计税基础＝负债的未来经济利益流出总额－未来可予扣除金额
＝未来不予扣除金额

例如：

（1）企业预提产品质量保修费时确认的预计负债，按税法规定，其相关的销售费用当期不予扣除，未来实际发生时可予扣除，则其计税基础为零。

（2）企业因合同违约而确认的未决诉讼赔款所产生的预计负债，按税法规定，其相关的营业外支出属于经营性质，当期不予扣除，未来实际发生时可予扣除，其计税基础为零。

（3）企业违法经营被罚款或赔款而产生的预计负债，按税法规定，其相关的营业外支出当期不予扣除，未来也不予扣除，即未来计税时可予扣除金额为零，其计税基础等于账面价值。

其他一般负债，由于在确认时和未来清偿时均不影响会计利润和应纳税所得额，其计税基础等于账面价值。

4. 暂时性差异对所得税的影响

暂时性差异与时间性差异不同，它不影响当期应交所得税，只影响未来期间的所得税。根据所得税会计准则规定，暂时性差异在产生的当期，符合规定条件的，应当确认其对未来所得税的影响，即确认相关的递延所得税负债（或资产）和递延所得税费用（或收益）。所以，暂时性差异也会影响当期利润表中的所得税费用。

根据暂时性差异对未来所得税的影响情况，暂时性差异分为应纳税暂时性差异和可抵扣暂时性差异。

1）应纳税暂时性差异

应纳税暂时性差异，是指在未来收回资产账面价值或清偿负债期间计算应纳税所得额时，会导致应纳税所得额增加的暂时性差异，即在未来其间应当纳税的暂时性差异。

应纳税暂时性差异产生于以下两种情况：

（1）资产的账面价值大于其计税基础

暂时性差异＝资产的账面价值－资产的计税基础
＝未来经济利益的流入总额－未来可予扣除金额
＝未来不予扣除金额

资产的账面价值大于其计税基础时，未来计税时不予扣除的经济利益流入金额大于零，当然应当纳税。

（2）负债的账面价值小于计税基础

暂时性差异＝负债的账面价值－负债计税基础
＝未来经济利益的流出总额－未来不予扣除金额
＝未来可予扣除金额

负责的账面价值小于其计税基础时，未来计税时可予扣除金额为负数，表明该项负债的未来经济利益的流出总额全部不予扣除，而且，对于其账面价值小于其计税基础的差额部分在计税时也不予扣除，因而增加了未来期间的应纳税所得额。所以，负债的账面价值小于其计税基础时，产生应纳税暂时性差异。

2）可抵扣暂时性差异

可抵扣暂时性差异，是指在未来收回资产账面价值或清偿负债期间确定应纳税所得额时，会抵扣或抵减应纳税所得额的暂时性差异。

可抵扣暂时性差异对未来所得税的影响情况与应纳税暂时性差异是方向相反的。应纳税暂时性差异会增加未来期间应纳税所得额，而可抵扣暂时性差异会减少未来期间应纳税所得额。所以，可抵扣暂时性差异的产生情况与应纳税暂时性差异相反，即产生于以下两种情况：

（1）资产的账面价值小于其计税基础；

（2）负债的账面价值大于其计税基础。

例如：

（1）交易性金融资产的公允价值变动会产生或转回应纳税暂时性差异或可抵扣暂时性差异。

① 企业持有的交易性金融资产，在购入后的初始确认期间，如果其公允价值增加，则导致其账面价值增加，但其计税基础不因其公允价值增加或减少而变化，仍等于其取得成本，因而产生了应纳税暂时性差异。如果该交易性金融资产在以后持有期间公允价值相对减少，导致其账面价值减少，则转回前期产生的应纳税暂时性差异。

② 企业持有的交易性金融资产，在购入后的初始确认期间，如果其公允价值减少，则导致其账面价值减少，但其计税基础保持不变，因而产生可抵扣暂时性差异。如果该交易性金融资产在以后持有期间公允价值增加或恢复，则转回前期产生的可抵扣暂时性差异。

交易性金融资产账面价值＝取得成本＋公允价值变动

（2）企业计提存货跌价准备时，导致存货账面价值减少，但其计税基础仍等于账面余额（历史成本保持不变），因而产生了可抵扣暂时性差异。如果该存货在未来期间因价位恢复或处置而冲销跌价准备，则转回前期产生的可抵扣暂时性差异。

其他计提减值准备的资产，如长期股权投资、固定资产、无形资产等，以及计提坏账准备的应收账款，都会产生或转回可抵扣暂时性差异。

相关规定链接：税法规定，企业的各项资产，包括固定资产、生物资产、无形资产、长期待摊费用、投资资产、存货等，以历史成本为计税基础。企业持有各项资产期间资产增值或减值，除国务院财政，税务主管部门规定可以确定损益外，不调整该资产的计税基础。纳税人发生的坏账损失实行据实扣除，不再计提坏账准备。

（四）暂时性差异和时间性差异的内在联系

由以上所述可知，由于时间性差异影响资产、负债的账面价值和计税基础，所以，暂时性差异和时间性差异之间存在内在联系。对于某一事项（如资产公允价值变动、计提减值准备等），**暂时性差异和时间性差异会同时产生，同时转回，而且类型相同，金额相同。即：产生或转回应纳税时间性差异时，一定会同时产生或转回金额相同的应纳税暂时性差异；产生或转回可抵扣时间性差异时，一定会同时产生或转回金额相同的可抵扣暂时性差异。反之，产生或转回暂时性差异时，一般也会同时产生或转回金额相同的时间性差异。但在个别情况下，产生暂时性差异时，并不产生时间性差异。**例如，可供出售金融资产的公允价值变动，只产生应纳税暂时性差异或可抵扣暂时性差异，不产生时间性差异，因为其公允价值变动不计入当期损益，而直接计入所有者权益（其他综合收益）。

因此，产生暂时性差异的情况比产生时间性差异的范围要大。暂时性差异包括时间性暂时性差异（随时间性差异产生而产生的暂时性差异）和非时间性暂时性差异。

例如，以下资产、负债和其他项目都会同时产生时间性差异和暂时性差异。

1. 交易性金融资产

交易性金融资产公允价值变动时，会同时产生或转回金额相同的应纳税时间性差异和应纳税暂时性差异；或者，同时产生或转回金额相同的可抵扣时间性差异和可抵扣暂时性差异。

【例 10-1】　某企业 2015 年 12 月 5 日，在证券市场上以 100 000 元的价格购入一组股票，作为交易性金融资产，2015 年 12 月 31 日，其市场价格上升到 120 000 元，公允价值增加了 20 000 元。

2015 年 12 月 31 日，确认其公允价值变动时：

借：交易性金融资产——公允价值变动　　20 000

　贷：公允价值变动损益　　20 000

因此，同时产生了应纳税时间性差异 20 000 元和应纳税暂时性差异 20 000 元。

如果该项交易性金融资产持有到 2016 年 12 月 31 日仍未出售，其市场价格下降到 105 000 元，公允价值减少了 15 000（120 000－105 000），则：

借：公允价值变动损益　　15 000

　贷：交易性金融资产——公允价值变动　　15 000

同时转回了前期产生的应纳税时间性差异和应纳税暂时性差异各 15 000 元。

2. 计提减值准备、跌价准备、坏账准备的资产

对于计提减值准备的长期股权投资、固定资产、无形资产和计提跌价准备的存货、计提坏账准备的应收账款，在计提准备时都会同时产生金额相同的可抵扣时间性差异和可抵扣暂时性差异；在未来期间因价值恢复或转让处置相关资产而冲销准备时，会同时转回可抵扣时间性差异和可抵扣暂时性差异。

【例 10-2】某企业 2015 年 12 月 31 日，确认存货发生减值损失时，计提存货跌价准备 200 000 元。

借：资产减值损失　　200 000

　贷：存货跌价准备　　200 000

因此，同时产生了可抵扣时间性差异和可抵扣暂时性差异各 200 000 元。

2016 年 3 月 15 日，销售商品时冲销或转回存货跌价准备 80 000 元，所出售商品成本为 120 万元，结转成本时：

借：主营业务成本　　1 120 000

　　存货跌价准备　　80 000

　贷：库存商品　　1 200 000

同时转回了前期产生的可抵扣时间性差异和可抵扣暂时性差异各 80 000 元。

对于固定资产，除因计提减值准备而产生的可抵扣时间性差异和可抵扣暂时性差异外，还存在由于计提减值准备而产生的折旧差异所产生的应纳税时间性差异和应纳税暂时性差异。

（1）固定资产在未计提减值准备情况下：

账面价值＝账面余额－会计累计折旧

计税基础＝账面余额－计税累计折旧

如果企业固定资产的折旧方法、折旧年限、净残值与税法规定一致，则不产生折旧差异，账面价值等于计税基础，不产生时间性差异和暂时性差异。

（2）固定资产在计提减值准备情况下：

期初账面价值＝期初账面余额－期初会计累计折旧－期初减值准备

期初计税基础＝期初账面余额－期初计税累计折旧

期初暂时性差异＝期初账面价值－期初计税基础

＝期初计税累计折旧－期初会计累计折旧－期初减值准备

＝期初累计折旧差异－期初减值准备

同样：　期末暂时性差异＝期末累计折旧差异－期末减值准备

所以：

本期产生的暂时性差异＝期末暂时性差异－期初暂时性差异

＝本期折旧差异－本期计提的减值准备

在本期未进一步计提减值准备情况下：

本期产生的暂时性差异＝本期折旧差异

由于计提减值准备导致其账面价值减少，在计提减值准备后的剩余折旧年限内，每年计提的折旧额要小于计提减值准备之前的每年折旧额。但是，按税法规定，扔应按照不计提减值准备的情况计提折旧。因此，企业固定资产的折旧方法、折旧年限、净残值即使和税法规定一致，只要计提了减值准备就会产生折旧差异，而且折旧差异大于零。

在计提减值准备的剩余折旧年限内，每年都会产生折旧差异，都会因此而产生应纳税时间性差异和应纳税暂时性差异。

所以，在固定资产计提减值准备情况下，产生了两种时间性差异和暂时性差异。即：

① 因计提减值准备而产生的可抵扣时间性差异和可抵扣暂时性差异。

② 在计提减值准备后的剩余折旧年限内，由折旧差异所产生的应纳税时间性差异和应纳税暂时性差异。

无形资产与固定资产类似。

【例 10-3】　某企业固定资产原价为 120 万元，折旧年限为 10 年，采用年限平均法计提折旧，不考虑净残值，与税法规定一致。2015 年 12 月 31 日，计提减值准备 12 万元，剩余折旧年限为 3 年，2016 年 12 月 31 日，没有进一步计提减值准备。

该企业 2015 年 12 月 31 日计提固定资产减值准备时，产生了可抵扣时间性差异和可抵扣暂时性差异各 12 万元。

计提减值准备后：

每年会计折旧＝（1 200 000－1 200 000÷10×7－120 000）÷3

＝80 000（元）

每年计税折旧＝1 200 000÷10＝120 000（元）

每年折旧差异＝120 000－80 000＝40 000（元）

所以，2016 年 12 月 31 日，应确认产生应纳税时间性差异和应纳税暂时性差异各 40 000 元，由于 2016 年 12 月 31 日未进一步计提减值准备，不产生新的可抵扣时间性差异和可抵扣暂时性差异。

注意：因计提固定资产减值准备所产生的两种时间性差异不可相互抵消，两种暂时性差异也不可相互抵消。这两种时间性差异和两种暂时性差异在固定资产折旧期满报废清理时，均同时转回或销除。

3．预计负债

1）因计提产品质量保修费而确认的预计负债

企业在销售产品后，按销售额的一定比例计提的产品保修费，借记“销售费用”，贷记

“预计负债”，导致当期会计利润减少。但按税法规定，该项费用尚未发生，当期不予扣除，待未来实际发生时才予扣除。因此，产生了可抵扣时间性差异。另一方面，由于该预计负债的相关费用支出未来可予扣除，其计税基础为零，所以在产生可抵扣时间性差异时，又同时产生了金额相同的可抵扣暂时性差异。

【例 10-4】 某企业 2015 年 12 月 31 日，根据当月销售额计提产品质量保修费 35 000 元，同时相应地确认了预计负债，即

借：销售费用　　35 000
　贷：预计负债　　35 000

因此，同时产生了可抵扣时间性差异和可抵扣暂时性差异各 35 000 元。

2016 年 3 月，发生产品修理费支出 40 000 元，会计处理为

借：预计负债　　35 000
　　销售费用　　5 000
　贷：银行存款　　40 000

同时转回了可抵扣时间性差异和可抵扣暂时性差异各 35 000 元。

2）因合同违约预提未决诉讼赔款而产生的预计负债

企业在经营活动中，因违反合同而发生了未决诉讼案，年终预提未决诉讼赔款时，借记“营业外支出”，贷记“预计负债”，导致当期会计利润减少。按税法规定，该项未决诉讼赔款属于经营性质，相关支出未来可予扣除，但在预提时不予扣除。因此，产生了可抵扣了时间性差异。另一方面，由于该预计负债的相关支出在未来可予扣除，其计税基础为零，所以，在产生可抵扣时间性差异时，同时又产生了金额相同的可抵扣暂时性差异。（与计提产品质量保修费而确认的预计负债类似）

4. 其他项目

企业职工教育经费支出，在发生时全部计入当期损益（假定相关资产成本已转入当期损益）。但按税法规定，企业职工教育经费支出不超过工资薪金总额 2.5%的部分，准予扣除；超过部分，当期不予扣除，准予在以后纳税年度结转扣除。因此，职工教育经费支出超过工资薪金总额 2.5%的部分，就形成了可抵扣时间性差异。

另一方面，由于超过 2.5%的部分在未来可予扣除，与资产计税基础的含义相符，可以将其视同账面价值为零的资产。该账面价值为零的资产的计税基础为超过 2.5%的部分。所以，在产生可抵扣时间性差异时，又同时产生了金额相同的可抵扣暂时性差异。

或者，可将其视同账面价值为零的负债。该账面价值为零的负债的计税基础＝0－超过 2.5%的部分，暂时性差异＝0－计税基础＝超过 25%的部分，产生了可抵扣暂时性差异。

相关规定链接：《企业会计准则第 18 号——所得税》第七条规定，“未作为资产和负债确认的项目，按照税法规定可以确定其计税基础，该计税基础与其账面价值之间的差异也属于暂时性差异”。（解读：可将该项目视为账面价值为零的资产或负债，参见注册会计师全国统一考试辅导教材《会计》）

【例 10-5】 某企业 2015 年职工教育经费支出超过全年工资薪金总额 2.5%的部分为 30 000 元。该部分教育经费支出已于 2016 年度结转扣除。

2015 年 12 月 31 日，所得税核算时，应确认产生可抵扣时间性差异和可抵扣暂时性差异各 30 000 元。

2016 年 12 月 31 日，所得税核算时，应确认转回可抵扣时间性差异和可抵扣暂时性差异各 30 000 元。

（五）暂时性差异和时间性差异的确定方法

永久性差异容易确定，关键是如何确定暂时性差异和时间性差异。

由于暂时性差异和时间性差异之间存在内在联系，两者可以同时确定，确定了暂时性差异，同时也就随之确定了时间性差异。

有些资产、负债在一个期间内产生暂时性差异（时间性差异）时，还会转回前期产生的暂时性差异（时间性差异），在这种情况下，无需分别计算确定本期产生的暂时性差异（时间性差异）和本期转回前期的暂时性差异（时间性差异），只需计算确定本期产生暂时性差异（时间性差异）和本期转回前期的暂时性差异（时间性差异）的差额，即只需计算确定本期暂时性差异（时间性差异）增加额。

本期应纳税暂时性差异增加＝本期产生的应纳税暂时性差异
－本期转回的应纳税暂时性差异

本期应纳税时间性差异增加＝本期产生的应纳税时间性差异
－本期转回的应纳税时间性差异
＝本期产生的应纳税暂时性差异
－本期转回的应纳税暂时性差异
＝本期应纳税暂时性差异增加

本期可抵扣暂时性差异增加＝本期产生的可抵扣暂时性差异
－本期转回的可抵扣暂时性差异

本期可抵扣时间性差异增加＝本期产生的可抵扣时间性差异
－本期转回的可抵扣时间性差异
＝本期产生的可抵扣暂时性差异
－本期转回的可抵扣暂时性差异
＝本期可抵扣暂时性差异增加

上述计算公式对于在一个期间内只产生暂时性差异（时间性差异）或者只转回前期的暂时性差异（时间性差异）的情况，同样适用。

对于所得税核算实训中涉及的资产、负债和其他项目所产生的暂时性差异（时间性差异）增加额，其计算公式如下：

1. 交易性金融资产

（1）本期应纳税暂时性差异增加＝期末“公允价值变动”借方余额
－期初“公允价值变动”借方余额
或者＝本期“公允价值变动”借方发生额
－本期“公允价值变动”贷方发生额

（2）本期可抵扣暂时性差异增加＝期末“公允价值变动”贷方余额

－期初“公允价值变动”贷方余额

或者＝本期“公允价值变动”贷方发生额

－本期“公允价值变动”借方发生额

按照计算公式（1）计算结果是正数的，为本期增加的应纳税暂时性差异和应纳税时间性差异；计算结果是负数的，为本期转回的应纳税暂时性差异和应纳税时间性差异。

按照计算公式（2）计算结果是正数的，为本期增加的可抵扣暂时性差异和可抵扣时间性差异；计算结果是负数的，为本期转回的可抵扣暂时性差异和可抵扣时间性差异。

在实际操作时，须根据期初“交易性金融资产——公允价值变动”账户余额在借方或贷方来决定是按照公式（1）计算，还是按照公式（2）计算。如果该账户期初余额在借方，应按公式（1）计算；如果该账户期初余额在贷方，应按公式（2）计算。

例如：某企业“交易性金融资产——公允价值变动”账户记录如图 10.1 所示。

交易性金融资产——公允价值变动

期初余额：80 000	
本期发生：16 200	80 000 124 200
	期末余额：108 000

图 10.1　“交易性金融资产——公允价值变动”明细账户

由于期初“公允价值变动”余额在借方，表明上期产生的是应纳税暂时性差异，所以应按照公式（1）计算。

本期应纳税暂时性差异增加＝－108 000－80 000＝－188 000（元）

或者＝16 200－（80 000＋124 200）＝－188 000（元）

计算结果表明：本期转回应纳税暂时性差异和应纳税时间性差异 188 000 元。

2. 计提减值、跌价或坏账准备的资产

本期可抵扣暂时性差异增加＝期末“××××准备”贷方余额

－期初“××××准备”贷方余额

或者＝本期“××××准备”贷方发生额

－本期“××××准备”借方发生额

式中：“××××准备”分别为“坏账准备”、“存货跌价准备”、“长期股权投资减值准备”、“固定资产减值准备”、“无形资产减值准备”等账户（或科目）。

在实训操作时，对于计提减值准备的固定资产，由于缺乏相关的折旧资料，不考虑因计提减值准备而产生的折旧差异。由于无形资产在前期未计提减值准备，本期不产生摊销差异。

例如，“坏账准备”账户记录如图 10.2 所示：

坏账准备

	期初余额：50 645
本期发生：3 000	
26 000	
5 298.5	
	期末余额：16 346.5

图 10.2 “坏账准备”账户

本期可抵扣暂时性差异增加＝1 6346.5－50 645＝－34 298.5（元）

或者＝0－（3 000＋26 000＋5 298.5）＝－34 298.5（元）

3. 预计负债

对于计提产品质量保修费确认的预计负债和预提未决诉讼赔款产生的预计负债，计算公式如下：

本期可抵扣暂时性差异增加＝期末“预计负债”贷方余额

－期初“预计负债”贷方余额

或者＝本期“预计负债”贷方发生额

－本期“预计负债”借方发生额

例如，“预计负债——计提产品保修费”账户记录如图 10.3 所示。

预计负债——计提产品保修费

	期初：58 000
本期：30 000	
	40 000
	期末：68 000

图 10.3 “预计负债——计提产品保修费”账户

本期可抵扣暂时性差异增加＝68 000－58 000＝10 000（元）

或者＝40 000－30 000＝10 000（元）

4. 其他项目

企业职工教育经费支出超过工资薪金总额 2.5%的部分，与上述预计负债类似，计算公式如下：

本期可抵扣暂时性差异增加＝本期“超过 2.5%部分”（贷方）

－上期“超过 2.5%部分”已结转本期扣除的金额（借方）

注意：企业一般都是采取平时预缴、年终汇算清缴方式缴纳企业所得税，所以通常在年终才进行所得税核算。因此，上述计算公式中的“期初”、“本期”、“期末”，是指“年初”、“本年”、“年末”。在第二章 2016 年 12 月初账户余额表（表 2.1）中，应将“交易性金融资产——公允价值变动”、“坏账准备”、“存货跌价准备”、“固定资产减值准备”、“预

计负债”等账户余额视为年初余额（即假定在年初至 11 月末期间没有变化），将“递延所得税负债”、“递延所得税资产”账户余额也视为年初余额。

上述计算公式，在所得税会计实务中具有实用价值，计算方法简单、精准。在实际操作时，可采用列表方式计算。计算表的格式见表 10.1。

二、所得税会计方法

（一）应付税款法

应付税款法，是处理会计与税法之间的永久性差异和时间性差异对当期所得税影响的一种所得税会计方法。具体做法是：按照税法规定，以会计利润为基础，通过纳税调整确定应纳税所得额，并据以计算确定当期应交所得税和当期所得税费用。

采用应付税款法核算所得税的步骤如图 10.4 所示。

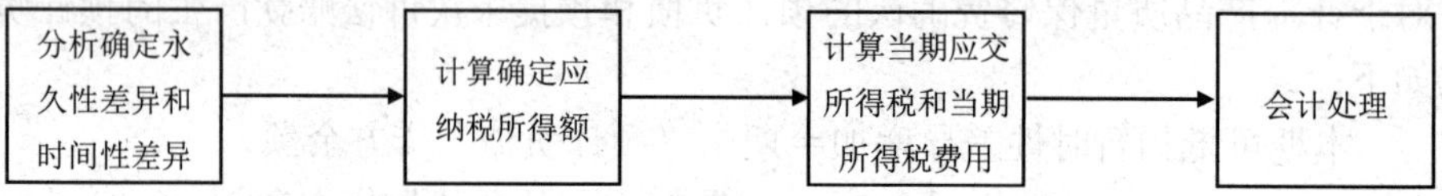

图 10.4 所得税核算流程（一）

应纳税所得额＝会计利润（利润总额）±永久性差异

＋本期可抵扣时间性差异增加－本期应纳税时间性差异增加

当期应交所得税＝应纳税所得额×现行适用所得税率

在一般情况下：

当期所得税费用＝当期应交所得税

借：所得税费用——当期所得税费用

　贷：应交税费——应交所得税

（二）资产负债表债务法

资产负债表债务法，是处理暂时性差异对未来所得税影响的一种所得税会计方法。

采用资产负债表债务法核算递延所得税的步骤如图 10.5 所示。

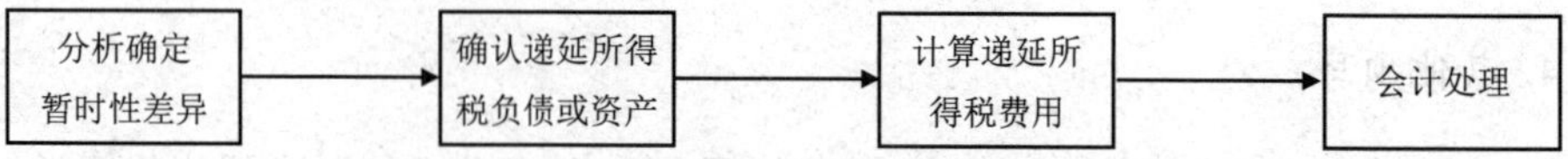

图 10.5 所得税核算流程（二）

在资产负债表债务法下，暂时性差异对未来所得税的影响通过“递延所得税负债”和“递延所得税资产”账户进行核算，并确认相关的递延所得税费用（或收益），作为当期利润表中所得税费用的组成部分。

1. 确认递延所得税负债

对于应纳税暂时性差异，符合规定确认条件的，应确认其相关的递延所得税负债。

（1）在上期产生的应纳税暂时性差异已确认其相关的递延所得税负债（在期初账户余额表中存在递延所得税负债余额）的情况下：

本期应确认递延所得税负债＝本期应纳税暂时性差异增加×未来期间所得税率

（2）在上期产生的应纳税暂时性差异未确认其相关的递所得税负债的情况下：

本期应确认递延所得税负债＝（期初应纳暂时性差异＋本期应纳税暂时性差异增加）×未来期间所得税率

＝期末应纳税暂时性差异×未来适用所得税率

借：所得税费用——递延所得税费用

　　贷：递延所得税负债

如果本期应确认递延所得税负债为负数，表明是本期转回的应纳税暂时性差异对所得税的影响，应做相反的会计处理。

2. *确认递延所得税资产*

对于可抵扣暂时性差异，符合规定确认条件的，应确认其相关的递延所得税资产。确认递延所得税资产的前提或原则是：必须以未来期间很可能取得用以抵扣可抵扣暂时性差异的应纳税所得额为限。

（1）在上期产生的可抵扣暂时性差异已确认其相关的递延所得税资产的情况下：

本期应确认递延所得税资产＝本期可抵扣暂时性差异增加×未来期间所得税率

（2）在上期产生的可抵扣暂时性差异未确认其相关的递延所得税资产的情况下：

本期应确认递延所得税资产＝（期初可抵扣暂时性差异＋本期可抵扣暂时性差异增加）×未来期间所得税率

＝期末可抵扣暂时性差异×未来期间所得税率

借：递延所得税资产

　　贷：所得税费用—递延所得税费用

如果本期应确认递延所得税资产为负数，表明是本期转回的可抵扣暂时性差异对所得税的影响，应做相反的会计处理。

3. *汇总计算递延所得税费用*

递延所得税费用＝本期应确认递延所得税负债－本期应确认递延所得税资产

注意：在一般情况下，所确认的递延所得税费用（或收益）应计入“所得税费用”科目。但是，如果某项交易或事项的结果，按会计准则规定应计入所有者权益的，由其所产生的递延所得税负债（或资产）在确认时发生的相关递延所得税费用（或收益），应计入所有者权益。例如，可供出售金融资产的公允价值变动所产生的递延所得税负债（或资产），在确认时，借（或贷）记“其他综合收益”科目，贷（或借）记“递延所得税负债（或资产）”科目。

（三）所得税会计方法的应用

应付税款法是所得税会计的基本方法，所有企业，包括各行各业的小微企业、大中型企业和上市公司，都要运用该方法计算当期应交所得税和当期所得税费用。

由于资产负债表债务法只能处理暂时性差异对未来所得税的影响，所以，它只适用于按照《企业会计准则》规定，在会计核算中产生暂时性差异的大中型企业和上市公司。按照规定，选择执行《企业会计准则》的小企业，会计核算中产生暂时性差异的，也应当采用这种方法。

但是，执行《企业会计准则》的企业，还必须采用付税教法计算当期应交所得税。

《企业会计准则第 18 号——所得税》对资产负债表债务法做出了具体规定，对应付税款法也有相应的规定。该具体准则第二条规定："本准则所称所得税包括企业以应纳税所得额为基础的各种境内和境外税额。"这就是说，执行《企业会计准则》的企业，应当同时采用应付税款法和资产负债表债务法核算所得税。

会计综合实训教材，包括本教材和其他所有同类教材，都是根据《企业会计准则》编写的，因此，在会计综合实训教学中，必须执行《企业会计准则》，必须综合应用资产负债表债务法和应付税款法核算所得税，不得只采用应付税款法而不采用资产负债表债务法。

综合应用资产负债表债务法和应付税教法核算所得税的程序，见第五章所得税核算流程图。

但是，在所得税会计理论上，存在以下两种不正确的观点。

一是认为在应付税款法下，没有必要将会计利润与应纳税所得额之间的差异区分为永久性差异和时间性差异。理由是：在应付税款法下，只确认时间性差异对当期所得税的影响，不确认其对未来所得税的影响，和永久性差异一样，无需加以区分。这种观点是错误的。所谓"在应付税款法下不确认时间性差异对未来所得税的影响"，是指时间性差异在产生的当期不确认其对未来所得税的影响，但是，对于当期转回前期产生的时间性差异对当期所得税的影响，应当予以确认。对于前期产生的时间性差异来说，这里的"当期"就是其未来转回的期间，"现在"就是"过去"的未来。实践证明，在应付税款法下，仍然需要将会计利润与应纳税所得额之间的差异区分为永久性差异和时间性差异，而且，还要将时间性差异再区分为应纳税时间性差异和可抵扣时间性差异，这样才能正确计算确定应纳税所得额和应交所得税。

二是"移花接木"，将采用应付税款法计算当期应交所得税和当期所得税费用的内容移到资产负债表债务法内，作为资产负债表债务法的组成部分，认为资产负债表债务法也包括这些内容。这种观点不符合《企业会计准则 第 18 号——所得税》的相关规定，也不符合实际。

需要特别指出的是，在会计综合实训课教学中，有些老师只根据《企业会计准则》规定计提了资产减值准备，却没有对由此所产生的暂时性差异采用资产负债表债务法进行处理，只对其所产生的时间性差异采用应付税款法进行处理。这种做法既不符合《企业会计准则》，也不符合《小企业会计准则》。这种做法实际上是执行早就被废除的《小企业会计制度》，是错误的，误导学生，影响教学质量。

三、所得税核算案例

光明公司 2015 年年末根据以下资料核算所得税。

（1）“交易性金融资产——公允价值变动”账户：期初借方余额 80 000 元，本期借方发生额 16200 元，本期贷方发生额 204 200 元。

（2）“坏账准备”账户：期初贷方余额 45 000 元，本期借方发生额 32 298 元（其中，债务重组等事项转回 29 000 元，期末冲回 3 298 元）

（3）“存货跌价准备”账户：期初贷方余额 48 000 元，本期借方发生额 48 000 元（其中，销售产品、材料等转回 25 000 元，因价值恢复转回 23 000 元）。

（4）“长期股权投资减值准备”账户：无期初余额，本期贷方发生额 65 000 元。

（5）“固定资产减值准备”账户：期初贷方余额 680 000 元，本期贷方发生额 390 000 元。

（6）“无形资产减值准备”账户：无期初余额，本期贷方发生额 50 000 元。

（7）“预计负债”账户：预提产品保修费形成的预计负债，期初贷方余额 58 000 元，本月贷方发生额 40195 元；因合同违约预提未决诉讼赔款产生的预计负债，无期初余额，本期贷方发生额 60 000 元。

（8）2015 年 12 月，转让一项专有技术，取得技术转让所得 50 000 元，属于免税范围。

（9）2015 年 11 月，取得长期股权投资收益 100 000 元；2015 年 12 月出售股票获得投资收益 80 000 元。这两项投资收益均属于免税权益性投资收益。

（10）其他项目：2015 年，职工教育经费支出超过工资薪金总额 2.5%的部分为 30000 元。2014 年，该项经费支出未超过工资薪金总额 2.5%。

其他资料：

（1）该企业 2015 年 12 月，实现利润总额 250 万元。

（2）该企业采用平时预缴，年终汇算清缴方法缴纳所得税，适用所得税率为 25%，预计未来期间税率不会变动。2015 年 12 月初，应交所得税余额为 180 000 元（借方）。

（3）对于“交易性金融资产——公允价值变动”、“坏账准备”、“存货跌价准备”、“固定资产减值准备”、“预计负债——计提产品保修费”等账户期初余额，均有相关的递延所得税负债期初余额（贷方）和递延所得税资产期初余额（借方）。

假设：

（1）不考虑固定资产因计提减值准备而产生的折旧差异对所得税的影响。

（2）该企业经营状况良好，未来期间能产生足够的应纳税所得额，以用于抵扣可抵扣暂时性差异。

该公司根据上述资料进行所得税核算如下：

（一）确定会计与税法的各种差异

1. 确定暂时性差异

根据上述资料和计算公式列表计算确定暂时性差异，如表 10.3 所示。

表 10.3　暂时性差异计算表　　单位：元

账户（项目）	期初余额		本期发生额		期末余额		本期应纳税暂时性差异增加	本期可抵扣暂时性差异增加
	借方	贷方	借方	贷方	借方	贷方		
交易性金融资产公允价值变动	80 000		16 200	204 200	108 000		-188 000	
坏账准备		45 000	29 000 3 298			12 702		-32 298
存货跌价准备		48 000	48 000			0		-48 000
长期股权投资减值准备				65 000		65 000		65 000
固定资产减值准备		680 000		390 000		1 070 000		390 000
无形资产减值准备				50 000		50 000		50 000
预计负债		58 000		40 195 60 000		158 195		100 195
其他项目				30 000		30 000		30 000
合　计	80 000	831 000	96 498	839 395		1 493 897	-188 000	554 897

本期应纳税暂时性差异增加为 188 000 元（负数），表明期初应纳税暂时性差异 80 000 元已全部转回，而且又产生可抵扣暂时性差异 108 000 元。但是要以“负数”列入应纳税暂时性差异，这样才能在会计处理时抵销期初递延所得税负债 20 000 元（80 000×25%）。

2. 确定永久性差异和时间性差异

根据资料（8）、（9）、（10），分析确定永久性差异。

根据暂时性差异确定时间性差异

本期应纳税时间性差异增加＝本期应纳税暂时性差异增加

本期可抵扣时间性差异增加＝本期可抵扣暂时性差异增加

将计算结果填入表 10.4。

表 10.4　永久性差异和时间性差异　　单位：元

账户（项目）	永久性差异		本期应纳税时间性差异增加	本期可抵扣时间性差异增加
	纳税调增	纳税调减		
公允价值变动			-188 000	
坏账准备				-32 298
存货跌价准备				-48 000

续表

账户（项目）	永久性差异		本期应纳税时间性差异增加	本期可抵扣时间性差异增加
	纳税调增	纳税调减		
长期股权投资减值准备				65 000
固定资产减值准备				390 000
无形资产减值准备				50 000
预计负债				100 195
技术转让所得		50 000		
权益性投资收益		180 000		
其他项目				30 000
合计		230 000	-188 000	554 897

（二）采用资产负债表债务法计算确认暂时性差异对未来所得税的影响（表 10.5）

表 10.5 递延所得税计算表 单位：元

项 目	本期应纳税暂时性差异增加	本期可抵扣暂时性差异增加	税率	应确认递延所得税负债	应确认递延所得税资产
公允价值变动	-188 000		25%	-47 000	
坏账准备		-32 298	25%		-8 074.5
存货跌价准备		-48 000	25%		-12 000
长期股权投资减值准备		65 000	25%		16 250
固定资产减值准备		390 000	25%		97 500
无形资产减值准备		50 000	25%		12 500
预计负债		100 195	25%		25 048.75
其他项目		30 000	25%		7 500
合计	-188 000	554 897		-47 000	138 724.25

递延所得税费用＝－47 000－138 724.25＝－185 724.25（元）

（三）采用应付税款计算法确认永久性差异和时间差异对当期所得税的影响

应纳税所得额＝利润总额（会计利润）－永久性差异＋本期可抵扣时间性差异增加

－本期应纳税时间性差异增加

＝2 500 000＋230 000－554 897－（－188 000）

＝3 012 897（元）

当期应交所得税＝3 012 897×25%＝753 224.25（元）

当期所得税费用＝753 224.25（元）

应补交所得税额＝753 224.25－180 000＝573 224.25（元）

（四）计算确定当期利润表中的所得税费用

所得税费用＝当期所得税费用＋递延所得税费用

＝753 224.25－185 724.25＝567 500（元）

（五）会计处理

借：所得税费用	567 500	
递延所得税负债	47 000	
递延所得税资产	138 724.25	
——应收账款	80 74.5	
——存货	12 000	
——长期股权投资	16 250	
——固定资产	97 500	
——无形资产	12 500	
——预计负债	25 048.75	
——其他项目	7 500	
贷：应交税费——应交所得税		253 224.25
借：本年利润	567 500	
贷：所得税费用		567 500

第四部分

实训作业及实训成绩评定标准

实训作业及实训成绩评定标准

一、实训作业

实训结束后，每个学生要按规定交付一套实训作业。包括：

（1）各种账簿记录。包括总账、各种明细账、现金日记账和银行存款日记账。

（2）全部记账凭证。由于是模拟实训，记账凭证背面可以不附原始凭证和相关计算表，不影响实训效果，但要标注业务号及相关原始凭证张数。

（3）科目汇总表和账户平衡表。

（4）期末业务核算全部计算表。

（5）财务报表。资产负债表和利润表必做，现金流量表和所有者权益变动表是否选做，由老师根据实训时间统一确定。

实训结束后，将所完成的科目汇总表、账户平衡表、期末业务核算各种计算表、财务报表从书上裁剪下来，按照下列顺序装订成册，交付指导老师：①科目汇总表；②账户平衡表；③期末业务核算计算表（按第五章业务顺序）；④财务报表。

二、实训成绩评分标准（参考）

实训成绩满分为 100 分，平时成绩占 20%。作业成绩占 80%。

实训作业成绩评分表（参考）

班级：　　　　　　　　　　学年第　　学期　　　　　　　　　评分教师：

序号	姓名	记账凭证（20 分）	日记账 明细账（30 分）	总分类账（10 分）	科目汇总表 账户平衡表（10 分）	计算表（25 分）	财务报表（5 分）	总分（100 分）

注：本表为完成基本实训内容的成绩评分标准，供参考。基本实训内容包括：建立账簿、日常会计核算、期末业务核算和资产负债表、利润表的编制。如果要增加其他实训内容，如编制现金流量表、所有者权益变动表，可在此表基础上作适当调整。

三、实训作业用表（空白）

（1）科目汇总表和账户平衡表

（2）期末业务核算计算表（见第五章）

（3）资产负债表、利润表、所有者权益变动表、现金流量表项目金额统计表及现金流量表。

科目汇总表

年　月　日　　　　汇字第 1 号

序号	会计科目	1～10 日		11～20 日		21～31 日		合　计	
		借方	贷方	借方	贷方	借方	贷方	借方	贷方
1	库存现金								
2	银行存款								
3	其他货币资金								
4	交易性金融资产								
5	应收票据								
6	应收账款								
7	预付账款								
8	应收股利								
9	应收利息								
10	其他应收款								
	合　计								

科目汇总表

年 月 日

汇字第 2 号

序号	会计科目	1～10 日		11～20 日		21～31 日		合 计	
		借方	贷方	借方	贷方	借方	贷方	借方	贷方
11	坏账准备								
12	材料采购								
13	原材料								
14	材料成本差异								
15	库存商品								
16	周转材料								
17	存货跌价准备								
18	持有至到期投资								
19	长期股权投资								
20	长期股权投资减值准备								
	合 计								

科目汇总表

年　月　日　　　　汇字第 3 号

序号	会计科目	1～10 日		11～20 日		21～31 日		合　计	
		借方	贷方	借方	贷方	借方	贷方	借方	贷方
21	投资性房地产								
22	投资性房地产累计折旧								
23	固定资产								
24	累计折旧								
25	固定资产减值准备								
26	在建工程								
27	固定资产清理								
28	无形资产								
29	累计摊销								
30	无形资产减值准备								
31	递延所得税资产								
	合　计								

科目汇总表

年　月　日

汇字第4号

序号	会计科目	1~10日		11~20日		21~31日		合　计	
		借方	贷方	借方	贷方	借方	贷方	借方	贷方
32	待处理财产损溢								
33	短期借款								
34	应付票据								
35	应付账款								
36	预收账款								
37	应付职工薪酬								
38	应交税费								
39	应付利息								
40	应付股利								
41	其他应付款								
	合　计								

科目汇总表

年　月　日　　　　汇字第 5 号

序号	会计科目	1～10 日		11～20 日		21～31 日		合　计	
		借方	贷方	借方	贷方	借方	贷方	借方	贷方
42	长期借款								
43	应付债券								
44	长期应付款								
45	预计负债								
46	递延所得税负债								
47	实收资本								
48	资本公积								
49	盈余公积								
50	本年利润								
	合　计								

科目汇总表

年 月 日

汇字第 6 号

序号	会计科目	1~10日		11~20日		21~31日		合 计	
		借方	贷方	借方	贷方	借方	贷方	借方	贷方
51	利润分配								
52	生产成本								
53	制造费用								
54	主营业务收入								
55	其他业务收入								
56	公允价值变动损益								
57	投资收益								
58	营业外收入								
59	主营业务成本								
60	其他业务成本								
	合 计								

科目汇总表

年　月　日　　　　汇字第 7 号

序号	会计科目	1～10 日		11～20 日		21～31 日		合　计	
		借方	贷方	借方	贷方	借方	贷方	借方	贷方
61	营业税金及附加								
62	销售费用								
63	管理费用								
64	财务费用								
65	资产减值损失								
66	营业外支出								
67	所得税费用								
	合　计								
	累　计								

账户平衡表

年　月　日

借方科目					贷方科目				
科目名称	期初余额	借方	贷方	期末余额	科目名称	期初余额	借方	贷方	期末余额
库存现金					坏账准备				
银行存款					存货跌价准备				
其他货币资金					长期股权投资减值准备				
					投资性房地产累计折旧				
交易性金融资产					累计折旧				
应收票据					固定资产减值准备				
应收账款					累计摊销				
预付账款					无形资产减值准备				
应收股利					短期借款				
应收利息					应付票据				
其他应收款					应付账款				
材料采购					预收账款				
原材料					应付职工薪酬				
材料成本差异					应交税费				

续表

借方科目					贷方科目				
科目名称	期初余额	借方	贷方	期末余额	科目名称	期初余额	借方	贷方	期末余额
库存商品					应付利息				
周转材料					应付股利				
持有至到期投资					其他应付款				
长期股权投资					长期借款				
投资性房地产					应付债券				
固定资产					长期应付款				
在建工程					预计负债				
固定资产清理					递延所得税负债				
无形资产					实收资本				
递延所得税资产					资本公积				
生产成本					盈余公积				
					利润分配				
					本年利润				
合计					合　计				

资产负债表

会企01表

编制单位：　　　　　　　　　　　　年　　月　　日　　　　　　　　　　　单位：元

资　　产	期末余额	年初余额	负债和所有者权益（或股东权益）	期末余额	年初余额
流动资产			流动负债		
货币资金			短期借款		
交易性金融资产			交易性金融负债		
应收票据			应付票据		
应收账款			应付账款		
预付款项			预收款项		
应收利息			应付职工薪酬		
应收股利			应交税费		
其他应收款			应付利息		
存货			应付股利		
一年内到期的非流动资产			其他应付款		
其他流动资产			一年内到期的非流动负债		
流动资产合计			其他流动负债		
非流动资产			流动负债合计		
可供出售金融资产			非流动负债		
持有至到期投资			长期借款		

续表

资　产	期末余额	年初余额	负债和所有者权益（或股东权益）	期末余额	年初余额
长期应收款			应付债券		
长期股权投资			长期应付款		
投资性房地产			专项应付款		
固定资产			预计负债		
在建工程			递延所得税负债		
工程物资			其他非流动负债		
固定资产清理			非流动负债合计		
生产性生物资产			负债合计		
油气资产			所有者权益（或股东权益）		
无形资产			实收资本（或股本）		
开发支出			资本公积		
商誉			减：库存股		
长期待摊费用			其他综合收益		
递延所得税资产			盈余公积		
其他非流动资产			未分配利润		
非流动资产合计			所有者权益（或股东权益）合计		
资产总计			负债和所有者权益（或股东权益）总计		

利 润 表

会企 表

编制单位： 年 月 单位：元

项 目	本期金额	上期金额
一、营业收入		
减：营业成本		
税金及附加		
销售费用		
管理费用		
财务费用		
资产减值损失		
加：公允价值变动收益（损失以“－”填列）		
投资收益（损失以“－”填列）		
其中：对联营企业和合营企业的投资收益		
二、营业利润（亏损以“－”填列）		
加：营业外收入		
减：营业外支出		
其中：非流动资产处置损失		
三、利润总额（亏损以“－”填列）		
减：所得税费用		
四、净利润（净亏损以“－”填列）		
五、其他综合收益的税后净额		
六、综合收益总额		
七、每股收益		
（一）基本每股收益		
（二）稀释每股收益		

所有者权益变动表

会企　表

编制单位：　　　　　　　　　　　　　　　　　　＿＿＿＿年度　　　　　　　　　　　　　　　　　　单位：元

项　　目	本年金额						上年金额					
	实收资本（或股本）	资本公积	减：库存股	盈余公积	未分配利润	所有者权益合计	实收资本（或股本）	资本公积	减：库存股	盈余公积	未分配利润	所有者权益合计
一、上年年末余额												
加：会计政策变更												
前期差错更正												
二、本年年初余额												
三、本年增减变动金额（减少以“—”填列）												
（一）净利润												
（二）直接计入所有者权益的利得和损失												
1. 可供出售金融资产公允价值变动净额												
2. 权益法下被投资单位其他所有者权益变动的影响												
3. 与计入所有者权益项目相关的所得税影响												
4. 其他												

续表

项　目	本年金额						上年金额					
	实收资本（或股本）	资本公积	减：库存股	盈余公积	未分配利润	所有者权益合计	实收资本（或股本）	资本公积	减：库存股	盈余公积	未分配利润	所有者权益合计
上述（一）和（二）小计												
（三）所有者投入和减少资本												
1. 所有者投入资本												
2. 股份支付计入所有者权益的金额												
3. 其他												
（四）利润分配												
1. 提取盈余公积												
2. 对所有者（或股本）的分配												
3. 其他												
（五）所有者权益内部结转												
1. 资本公积转增资本（或股本）												
2. 盈余公积转增资本（或股本）												
3. 盈余公积弥补亏损												
4. 一般风险准备弥补亏损												
5. 其他												
四、本年年末余额												

现金流量表项目金额统计表

年　月

项目	销售商品、提供劳务收到的现金		购买商品、接受劳务支出的现金		支付给职工及为职工支付的现金		支付的其他与经营活动有关的现金	
	记账凭证号	金额	记账凭证号	金额	记账凭证号	金额	记账凭证号	金额
本期发生额								
合计								

续表

项目	收到的其他与经营活动有关的现金		支付的各项税费		收回投资所收到的现金		取得投资收益收到的现金	
	记账凭证号	金额	记账凭证号	金额	记账凭证号	金额	记账凭证号	金额
本期发生额								
合计								

项目	处置固定资产、无形资产及其他长期资产收回的现金净额		购建固定资产、无形资产及其他长期资产支付的现金		投资支付的现金		吸收投资收到的现金	
	记账凭证号	金额	记账凭证号	金额	记账凭证号	金额	记账凭证号	金额
本期发生额								
合计								

续表

项目	取得借款收到的现金		偿还债务支付的现金		分配股利、利润或偿付利息支付的现金			
	记账凭证号	金额	记账凭证号	金额	记账凭证号	金额		
本								
期								
发								
生								
额								
合计								

项目								
本								
期								
发								
生								
额								
合计								

现金流量表

会企 03 表

编制单位：　　　　　　　　　　年　　月　　日　　　　　　　　　　单位：元

项　　目	本期金额	上期金额
一、经营活动产生的现金流量		
销售商品、提供劳务收到的现金		
收到的税费返还		
收到其他与经营活动有关的现金		
经营活动现金流入小计		
购买商品、接受劳务支付的现金		
支付给职工及为职工支付的现金		
支付的各项税费		
支付其他与经营活动有关的现金		
经营活动现金流出小计		
经营活动产生的现金流量净额		
二、投资活动产生的现金流量		
收回投资收到的现金		
取得投资收益收到的现金		
处置固定资产、无形资产和其他长期资产收回的现金净额		
处置子公司及其他营业单位收到的现金净额		
收到其他与投资活动有关的现金		
投资活动现金流入小计		
购建固定资产、无形资产和其他长期资产支付的现金		
投资支付的现金		
取得子公司及其他营业单位支付的现金净额		
支付其他与投资活动有关的现金		
投资活动现金流出小计		

续表

项　　目	本期金额	上期金额
投资活动产生的现金流量净额		
三、筹资活动产生的现金流量		
吸收投资收到的现金		
取得借款收到的现金		
收到其他与筹资活动有关的现金		
筹资活动现金流入小计		
偿还债务支付的现金		
分配股利、利润或偿付利息支付的现金		
支付其他与筹资活动有关的现金		
筹资活动现金流出小计		
筹资活动产生的现金流量净额		
四、汇率变动对现金及现金等价物的影响		
五、现金及现金等价物净增加额		
加：期初现金及现金等价物余额		
六、期末现金及现金等价物余额		

主要参考文献

财政部，2006. 企业会计准则.

财政部，2006. 企业会计准则：应用指南.

财政部，2016. 增值税会计处理规定.

刘雪清，2005. 企业会计模拟实训教程·综合实训. 大连：东北财经大学出版社.

牛运盈，2015. 所得税会计精讲. 北京：中国纺织出版社.

新企业会计准则重点难点解析组，2006. 新企业会计准则重点难点解析. 北京：企业管理出版社.

中国注册会计师协会，2010. 会计. 北京：经济科学出版社.

中国注册会计师协会，2010. 税法. 北京：经济科学出版社.